Eine Bildreise

Gottfried Sello/Hans Jessel/Ellert & Richter Verlag

Auf Caspar David Friedrichs Spuren

Autoren/Bildnachweis/Literatur/Impressum

Gottfried Sello war vier Jahrzehnte lang Kunstkritiker der ZEIT in Hamburg und arbeitete über 20 Jahre fürs Fernsehen. Er drehte zahlreiche Filme über aktuelle Kunstströmungen und über Kunst und Künstler der Vergangenheit, darunter die Serien „Reisewege zur Kunst", „Kulturlandschaften der DDR", „Die großen Museen der Welt" und „Deutsche Künstler der Dürerzeit". In den 1970er Jahren war er einer der ersten Kunsthistoriker, der sich mit dem Thema „Frauenkunst" beschäftigte und etliche vergessene Malerinnen wiederentdeckte. Gottfried Sello starb 80jährig 1994 in Hamburg. Im Ellert & Richter Verlag erschienen seine Bücher „Malerinnen aus vier Jahrhunderten" und „Malerinnen des 20. Jahrhunderts".

Hans Jessel, geb. 1956 in Westerland, ist Diplomgeograph und Spezialist für Themenbereiche zwischen Küste, Inseln und Meer. Er lebt als freiberuflicher Schriftsteller und Fotograf in Keitum auf Sylt. Zahlreiche Ausstellungen, Foto- und Textveröffentlichungen, u. a. zwei Reisehandbücher über Madeira und die Azoren. Im Ellert & Richter Verlag erschienen „Das große Sylt-Buch" und die Bildreisen „Sylt", „Mecklenburg-Vorpommern", „Schönes Niedersachsen", „Schleswig-Holstein" und „Auf Theodor Storms Spuren".

Bildnachweis:
Sämtliche Farbfotos:
Hans Jessel, Keitum
Alle Aufnahmen mit LEICA Kameras und LEICA Objektiven

Farb- und S/W-Abbildungen:
S. 7: Wiesen bei Greifswald, o. J., Öl/Lwd., 34,5 x 48,3 cm, Hamburger Kunsthalle, Foto: Elke Walford, Hamburg
S. 8: Der Greifswalder Markt mit der Familie Friedrich, um 1818, Aquarell, 54 x 67 cm, Museum der Stadt Greifswald
S. 24: Adolf Gottlieb Friedrich, lesend (Vater des Künstlers), um 1802, schwarze Kreide, 34,6 x 32 cm, Kunsthalle Mannheim, Foto: Archiv des Autors
S. 25: Christian Friedrich (Bruder des Künstlers), o. J., schwarze Kreide, 23,7 x 18,6 cm, Ludwigsgalerie München, Sammlung Dr. A. Winterstein, München, Foto: Archiv des Autors
S. 27: Das Kreuz im Gebirge, o. J., Öl/Lwd., 115 x 110 cm, Gemäldegalerie Neue Meister Dresden, Foto: Sächsische Landesbibliothek, Abt. Deutsche Fotothek/A. Rous 1991
S. 29: Der Mönch am Meer, 1808–1810, Öl/Lwd., 110 x 171,5 cm, Nationalgalerie SMPK Berlin, Foto: Bildarchiv Preußischer Kulturbesitz, Berlin/Jörg P. Anders
S. 30: Selbstbildnis, um 1810, Kreide, 23 x 18,2 cm, Kupferstichkabinett SMPK Berlin, Foto: Fotowerkstatt Bodestraße
S. 32: Abtei im Eichwald, 1809/1810, Öl/Lwd., 110,4 x 171 cm, Nationalgalerie SMPK Berlin, Foto: Bildarchiv Preußischer Kulturbesitz, Berlin/Jörg P. Anders
Titel, S. 39: Kreidefelsen auf Rügen, 1818, Öl/Lwd., 90 x 70 cm, Stiftung Oskar Reinhart, Winterthur, Foto: Bildarchiv Preußischer Kulurbesitz, Berlin
S. 41: Mondaufgang am Meer, 1822, Öl/Lwd., 55 x 71 cm, Nationalgalerie SMPK Berlin, Foto: Bildarchiv Preußischer Kulturbesitz, Berlin/Jörg P. Anders
S. 42: Felsenschlucht, um 1825, Öl/Lwd., 91 x 72 cm, Kunsthistorisches Museum, Wien, Foto: Fotostudio Otto, Wien
S. 43: Böhmische Landschaft, um 1809, Öl/Lwd., 70 x 103 cm, Staatsgalerie, Stuttgart, Foto: Artothek, Peissenberg
S. 87: Wanderer über dem Nebelmeer, o. J., Öl/Lwd., 98,4 x 74,8 cm Hamburger Kunsthalle, Foto: Elke Walford, Hamburg
S. 93: Der Abendstern, um 1825, Öl/Lwd., 32,7 x 45 cm, Freies Deutsches Hochstift, Goethemuseum, Frankfurt/Main, Foto: Ursula Edelmann, Frankfurt/Main

Literatur:
Börsch-Supan, H.: Caspar David Friedrich, München 1958
Börsch-Supan, H.: Die Bildgestaltung bei Caspar David Friedrich, München 1960
Börsch-Supan, H. und Jähning, K. W.: Caspar David Friedrich. Gemälde, Druckgraphik und bildmäßige Zeichnung, München 1973
Caspar David Friedrich in Briefen und Bekenntnissen, Hrsg. Sigrid Hinz, München 1958
Caspar David Friedrich 1774–1840. Katalog zur Austellung in der Hamburger Kunsthalle, München 1974
Deusch, W. R.: Malerei der deutschen Romantiker und ihrer Zeitgenossen, Berlin 1937
Dörries, B.: Zeichnungen der Frühromantik, München 1950
Fischer, O.: Caspar David Friedrich. Die romantische Landschaft, Stuttgart 1922
Herzberg, G.: Mensch und Landschaft. Ein Beitrag zur Form und Geistesgeschichte der europäischen Landschaftsmalerei, Frankfurt/M. 1944

Die Deutsche Bibliothek – CIP-Einheitsaufnahme

Sello, Gottfried
Auf Caspar David Friedrichs Spuren / Gottfried Sello (Text); Hans Jessel (Fotos). – Neuausg.. – Hamburg: Ellert & Richter, 2002
(Eine Bildreise)
ISBN 3-8319-0022-1
N: Sello, Gottfried; Jessel, Hans

Text und Bildlegenden: Gottfried Sello, Hamburg
Gestaltung: Büro Brückner + Partner, Bremen
Lektorat: Dorothee v. Kügelgen, Hamburg
Karte: Lutz Orlawski, Kiel
Lithographie: Litho Service Bremen GmbH, Bremen
Satz: KCS GmbH, Buchholz/Hamburg
Druck: Girzig + Gottschalk, Bremen
Bindung: S. R. Büge GmbH, Celle

Inhalt

Greifswald: Herkunft und Familie

In seinen reifen Jahren, als er Greifswald längst verlassen hatte, hat Caspar David Friedrich immer wieder die Stadt gemalt, in der er 1774 geboren wurde. Auf den „Wiesen bei Greifswald", um 1820 zu datieren, sieht man die Stadt im Hintergrund, weit entfernt wie die Kindheit, verklärt in goldenem Licht, sei es das Licht des hellen Sommertages oder der Erinnerung. Winzig klein und mit größter Präzision ist die Stadtsilhouette, die sich bis heute nur unbedeutend verändert hat, wiedergegeben: ein dunstiges Violett vor dem strahlenden Himmel. Man sieht, von links nach rechts betrachtet: die Windmühle, darauf folgend die Marienkirche, dann den kleinen Dachreiter des Rathauses, die Nikolaikirche mit dem höchsten Turm (genannt der schlanke Nikolas) und schließlich die Jakobikirche (der kleine Jakob). Die Stadt, gestochen scharf wie ein Traumbild, entrückt wie eine Vision. Sie ist jedoch nicht bildbeherrschend, sondern ihr Umland mit den Wiesen. Friedrich ist kein Vedutenmaler, sondern ein Maler der Landschaft. Von dem verschatteten Vordergrund schweift der Blick in den hell beschienenen Mittelgrund, wo der Maler aus köstlichen Einzelmotiven, den springenden Pferden, den über die Wiesen verteilten Enten, dem Weiher, der den Himmel reflektiert, ein reiches sommerliches Panorama zusammensetzt.

Greifswald, zu Friedrichs Zeiten eine kleine und gänzlich unbedeutende Hafen- und Handelsstadt an der Ostsee, gehörte wie ganz Vorpommern seit dem Westfälischen Frieden 1648 zu Schweden und kam erst 1815 zu Preußen. Die drei gotischen Backsteinkirchen zeugen von der großen Vergangenheit der einstigen Hansestadt. Der Vater des Malers war der Seifensieder und Lichtgießer Adolf Gottlieb Friedrich, der wie die Mutter aus Neubrandenburg stammte. Er war 1763 nach Greifswald zugewandert und hatte in der Langen Gasse 28 seine Seifensiederei begründet, die später von den Brüdern des Malers – Caspar David war das sechste von zehn Kindern – weitergeführt wurde. Friedrich ist in beengten Verhältnissen aufgewachsen; die Lage besserte sich erst, als zwei seiner Brüder im väterlichen Betrieb mitarbeiteten. Wahrscheinlich ist Friedrichs spätere Neigung zur Melancholie auf düstere Kindheitserlebnisse zurückzuführen. Die Biographen verweisen in diesem Zusammenhang auf den frühen Tod der Mutter. Sie starb, als der Junge sieben Jahre alt war. Das zweite Ereignis ist im Kirchenbuch von St. Nikolai verzeichnet: „Den 8.12.1787 ist des Lichtgießers Friedrich sel. Sohn, da er seinen ins Wasser gefallenen Bruder retten wollte, ertrunken". Das Unglück war beim Schlittschuhlaufen passiert. Der Gerettete war der dreizehnjährige Caspar David Friedrich.

Über künstlerische Neigungen und Talente des Jungen ist nichts bekannt. Außer einer streng christlichen Erziehung wird er im Vaterhaus keinerlei geistige Anregungen erhalten haben. Seine ersten Unterweisungen im Zeichnen erhielt er nach der Schulzeit, etwa 14jährig, beim Greifswalder Universitätszeichenmeister Johann Gottlieb Quistorp. Es ist keine Übertreibung zu sagen, daß die Begegnung mit Quistorp über Friedrichs Zukunft entschieden hat. Quistorp war der erste Künstler, dem Friedrich begegnete. Er hatte als junger Mann an der Dresdner Akademie Malerei studiert und war nach Greifswald verschlagen worden, wo er an der Universität Vorlesungen über „Bürgerliche Baukunst" und ähnliche Themen hielt und außerdem Zeichenkurse für Studenten und Schüler einrichtete. In diesen Kursen wurden Studien nach Vorlagen, aber auch Architekturzeichnungen sowie Studien „nach der Natur" erstellt. Quistorp unternahm mit einigen seiner Schüler in der Umgebung von Greifswald Wanderungen, wahrscheinlich hat er mit ihnen auch schon die Insel Rügen besucht. Er hat in Friedrich den Sinn für Natur, für die Landschaft geweckt, und vermutlich war er auch der erste, dem Friedrich seinen geheimen Wunsch offenbarte, Maler zu werden ... Und Quistorp dürfte diesen Wunsch beim Vater und bei den Brüdern energisch unterstützt haben, erfolgreich, wie man weiß.

Tatsächlich mußte die Familie über ihren kleinbürgerlichen Schatten springen, um seinen Entschluß, Künstler zu werden, also eine „brotlose Kunst" auszuüben, zu akzeptieren. Ohne die Zustimmung des Vaters und der älteren Brüder hätte Caspar David Friedrich sein Berufsziel niemals realisieren können. Dazu war er sein ganzes Leben lang viel zu fest an die Familie gebunden. Sie war sein finanzieller Rückhalt. Der Vater hatte sein Kunststudium finanziert, und häufig mußte er sich in schwierigen Situationen an die Brüder wenden, die ihm oft genug und ganz selbstverständlich ausgeholfen haben. Wichtiger als der materielle Aspekt war jedoch die emotionale Bindung, das Gefühl der Zusammengehörigkeit, die familiäre Solidarität, die in zahllosen Briefen, vor allem aber in seinen regelmäßigen Besuchen, ihren Niederschlag gefunden hat. Greifswald, die väterliche Seifensiederei in der Langen Straße 28, ist sein eigentliches Zuhause geblieben, als er es schon längst und endgültig verlassen hatte. Oft und gern kehrte er hierher zurück in das provinzielle, geistig beengte Milieu, in dem er sich wohl und geborgen fühlte, auch wenn er ihm längst entwachsen war. Er vermied es, seine intellektuelle Überlegenheit auszuspielen und die schlichteren Gemüter seiner Angehörigen durch seine genialen künstlerischen Höhenflüge in Verlegenheit zu setzen.

Das schönste Dokument dieser lebenslangen Anhänglichkeit ist das großformatige Aquarell „Der Greifswalder Markt mit der Familie Friedrich“, im Besitz des Greifswalder Museums. Es ist wahrscheinlich 1818 im Zusammenhang mit Friedrichs Hochzeitsreise nach Greifswald und Rügen entstanden, auf der er seine junge Frau Caroline der Greifswalder Verwandtschaft vorstellen wollte. Greifswald nicht als ferne Vision, sondern in Nahaufnahme. Dem sauber gezeichneten Rathaus sieht man an, was Friedrich beim Universitätszeichenmeister Quistorp gelernt hatte. Das Bild hat, wohl als einziges im gesamten Œuvre, einen Hauch von Biedermeier, das ansonsten mit all seiner Gemütlichkeit und bürgerlichem Wohlbehagen, spurlos an Friedrich vorbeigezogen zu sein scheint. Heimat- und Familienforscher haben die dargestellten Personen identifiziert. Bei der Hauptgruppe der Herren im Vordergrund soll es sich, von links nach rechts, um den Schwager, Kaufmann Praefke, den Altermann der Tischlerinnung, Christian Friedrich (in Gehrock und Zylinder), den Seifensieder Johann Heinrich Friedrich (mit umgebundener Schürze) und, mit der Peitsche in der Hand, Johann Adolph Friedrich, Leiter der väterlichen Seifensiederei, handeln. Die Damen links auf dem Markt sind Friedrichs Schwägerinnen, rechts beim Wagen seine Neffen. Der Hausknecht schiebt die Karre mit Seifenfässern über den Markt. Greifswalder Idylle in Perfektion.

1794, Caspar David Friedrich ist 20 Jahre alt, besucht er die Kunstakademie in Kopenhagen; aus naheliegenden Gründen. Kopenhagen war das kulturelle Zentrum nicht nur für den Ostseeraum, sondern für ganz Nordeuropa. Von England waren frühromantische, von Paris klassizistische Kunstströmungen nach Kopenhagen gedrungen. Die Akademie erfreute sich unter den europäischen Kunstinstitutionen eines guten Rufes. Sie galt als fortschrittlich und liberal (im Unterschied etwa zur Wiener Akademie). Zu den Professoren, bei denen auch Friedrich studierte, gehörten dänische Maler von interna-

Wiesen bei Greifswald, um 1820. Immer wieder hat Friedrich seine Geburtsstadt Greifswald gemalt, auch als er sie längst verlassen hatte. Die Stadt im Hintergrund, gestochen scharf – weit entfernt wie die Kindheit – im goldenen Licht der Erinnerung. Den Landschaftsmaler interessierte vor allem das Umland der Stadt, das Wiesengelände mit dem Weiher, die springenden Pferde und die hell schimmernden Enten.

tionalem Prestige, wie die Landschafts- und Porträtmaler Christian August Lorentzen (1749–1828) und Jens Juel (1745–1802), denen er über das grundlegende maltechnische Fundament hinaus auch künstlerische Anregungen verdankt. Die Historienmalerei, vertreten durch Nicolai Abildgaard (1743–1809), interessierte ihn nicht, obgleich sie bis weit ins 19. Jahrhundert hinein nach offizieller ästhetischer Einschätzung weit vor den anderen Gattungen, der Landschaft, dem Stilleben, dem Porträt und dem Genre, rangierte.

Ein weiterer Pluspunkt für die Kopenhagener Akademie: Die Ausbildung war seit 1772 kostenlos – Chancengleichheit und soziale Gerechtigkeit haben in Skandinavien offensichtlich Tradition. Ob er sich in Kopenhagen wohl gefühlt, ob der Akademiebetrieb ihm zugesagt hat, läßt sich nicht entscheiden. Es gibt keine Äußerungen und keine Briefe aus Friedrichs Studienjahren. Wie es auf der Akademie zuging, wissen wir jedoch aus Briefen Philipp Otto Runges (1777–1810). Der drei Jahre jüngere Maler, ebenfalls gebürtiger Pommer, ging im Jahre 1799 zur Ausbildung nach Kopenhagen. Seinen Brüdern genüber äußerte er sich kritisch über den frustrierenden Akademiebetrieb. Die Ausbildung war streng gegliedert: Am Beginn stand die Elementarklasse, es folgte das Zeichnen nach Vorlagen; danach kam die berühmte Gipsklasse, in der die Studierenden nach Gipsabgüssen antiker Meisterwerke zeichneten, um von dort in die Modellklasse aufzusteigen, in der sie nach dem lebenden Modell arbeiten durften. „Die paar Stunden, die man dort zeichnet, kann doch nicht alles seyn, wovon die meynen, daß man es thut, oder ob sie einen für solchen E(sel) halten, daß man das für die Kunst hielte, einen schönen glatten Kopf auszuführen, oder nach dem Modell eine Figur zeichnen zu können. Hätte ich nur jemand, der mit mir eines Sinnes wäre!"

So ähnlich dürfte Friedrich das Lernen an der Akademie empfunden haben. Die Ausbildung war langwierig und vollzog sich in kleinen Schritten. Es dauerte ganze zwei Jahre, bis Friedrich im Oktober 1796 in die Gipsklasse versetzt wurde, und weitere zwei Jahre, um in die Modellklasse vorzurücken. Nachdem er das Klassenziel erreicht hatte, entschloß er sich im Mai 1798, Kopenhagen zu verlassen.

Verlorene Jahre? Es gibt einige – wenige – Studienblätter aus der Kopenhagener Zeit, die das Gegenteil beweisen. Nicht die nach fremden Vorlagen gefertigten Skizzen, sondern Studien nach der Natur, unter denen der Baum, die einzeln stehende Eiche, eine herausragende Rolle spielt. Genaue Beobachtung ist die eine Aufgabe, die grafische Umsetzung die schwierigere. Wie auf dem Papier aus Punkten und Kringeln die Eiche emporwächst, wie die Äste sich bizarr verzweigen und wieder zusammenfinden, wie Schatten und Licht zusammenspielen ... in diesen frühen Blättern glaubt man Auge und Hand des späteren Friedrich zu spüren.

Aus diesen Jahren hat sich ein Stammbuch erhalten, in dem sich Friedrichs Studienkollegen mit Zeichnungen verewigt haben. Ist es vielleicht der Hinweis auf ein geselliges Studentenleben und darauf, daß er in Kopenhagen noch nicht seine späteren einsiedlerischen Neigungen an den Tag gelegt hat? Kann man das „Kopenhagener Selbstbildnis" in diesem Sinne interpretieren? Die unglaublich lebendige Kreidezeichnung heißt so, weil sie sich im Kopenhagener Kupferstichkabinett befindet. Datiert ist sie 1800, also zwei Jahre nach der Abreise aus dieser Stadt.

Das Blatt beweist, daß er (vermutlich bei Jens Juel) erfolgreich das Porträtfach studiert hat. Es ist nicht nur wegen der prägnanten Wiedergabe physiognomischer Merkmale bewundernswert, sondern weil es eine psychologische

Der Greifswalder Markt mit der Familie Friedrich, 1818. Das Bild hat einen Hauch von Biedermeier, von Gemütlichkeit und bürgerlichem Wohlbehagen. Bei den Herren im Vordergrund handelt es sich, von links nach rechts, um Friedrichs Schwager Praefke und seine Brüder Christian (mit Gehrock und Zylinder), Johann Heinrich (mit umgebundener Schürze) und (mit der Peitsche in der Hand) den Leiter der väterlichen Seifensiederei, Johann Adolf Friedrich.

Studie darstellt, weil hier mit leidenschaftlichem Ernst ein Künstler sich selbst auf den Grund zu kommen sucht. Das Gesicht verrät Energie und Unbeirrbarkeit, es wirkt aber auch weich, verletzlich, und es hat einen ausgesprochen schwärmerischen Zug. Es sagt nichts über etwaige gesellige Talente des Dargestellten aus. Konnte er lustig mit lustigen Freunden sein (was durch Berichte hinlänglich belegt ist), oder empfand er die Einsamkeit, die Isolation, die Melancholie als das ihm Gemäße? Friedrich hat diese Zeichnung übrigens seinem Freund Johan Ludwig Gebhard Lund geschenkt, den er auf der Kopenhagener Akademie kennengelernt hatte und mit dem er viele Jahre in Verbindung blieb. (Lund hat ihn später in Dresden besucht. Sie haben sogar längere Zeit zusammengewohnt, was nur unter Freunden gutgeht, und da beide notorisch knapp bei Kasse waren, war dies allemal die billigere Lösung.)

Auch wenn wir keine direkten Äußerungen von Caspar David Friedrich über die Kopenhagener Akademie besitzen, hat er in seinen späteren kunsttheoretischen Schriften Ansichten vertreten, die auf seine Akademiejahre zurückgehen. Etwa die skeptische Beurteilung von der Lehrbarkeit der Kunst: „Nicht alles läßt sich lehren, nicht alles erlernen und durch bloßes totes Einüben erlangen; denn was eigentlich rein geistiger Natur in der Kunst genannt werden kann, liegt über die engen Schranken des Handwerks hinaus . . ."

Noch kritischer geht er mit den verschiedenen Unterrichtsmethoden ins Gericht: „Die Alten soll man ehren und vor einem grauen Haupt soll man aufstehen, spricht der Herr, und so spricht auch Herr X und empfiehlt die Weise unserer Vorfahren, wo die jungen Leute bei einem tüchtigen Meister unter strenger Aufsicht in die Lehre gegeben wurden, um sozusagen die edle Malkunst von der Pike auf zu erlernen und zuallererst das Farbenreiben . . . Ein andermal predigt er das Gegenteil und möchte lieber, daß man den angehenden Künstler wie das liebe Vieh in die freie Natur hinausjagte . . . Wiederum spricht er, die angeborene Eigentümlichkeit eines jungen Mannes sich ungestört entwickeln zu lassen, ist erste und ernste Berücksichtigung eines jeden Lehrers, mithin jeder Zwang aufgehoben. Bald ist unter den vielen Meinungen auch das seine Meinung: Strenge Nachahmung der Natur bis in jede Einzelheit sei Forderung der Kunst. Dann aber auch: Strenge, sklavische Nachahmung der Natur und übergroße Ausführung sei die verfehlte Kunst . . . andeuten müsse das Bild nur, vor allem aber geistig aufregen und der Phantasie Spielraum geben und lassen, denn das Bild soll nicht die Natur selbst darstellen wollen, sondern nur daran erinnern. Nicht die treue Darstellung von Luft, Wasser, Felsen und Bäumen ist die Aufgabe des Bildners, sondern seine Seele, seine Empfindung soll sich darin widerspiegeln. Den Geist der Natur erkennen und mit ganzem Herzen und Gemüt durchdringen und aufnehmen und wiedergeben, ist die Aufgabe eines Kunstwerks . . ." Das sind in der Tat zentrale Überlegungen, die offenbar schon den Akademiestudenten und den späteren Maler lebenslang beschäftigt haben. Sein Resumee bei so vielen widersprechenden Meinungen: „Folge der inneren Stimme und nimm an, was dir zusagt, und lasse anderen, was jenen recht erscheint, oder beachte nichts von allem, denn nicht alles ist für alle!"

Die folgenden Äußerungen gehen ebenfalls auf Akademieerfahrungen zurück und verdienen besondere Beachtung, weil sie Friedrichs Interesse an sozialen und wirtschaftlichen Aspekten des Künstlerdaseins belegen, die man von dem realitätsfremden Romantiker schwerlich erwartet hätte. Besorgt über den Andrang auf die Kunstakademien schreibt er: „Die Zahl der Schüler wird immer größer und ist nicht wohl abzusehen, wie diese Menschen in der Folge alle ihren Unterhalt finden werden, gesetzt auch, es würde ein jeder geschickt in seinem Fache, was doch wohl nicht anzunehmen ist." Die Frage ist auch gegen Ende des 20. Jahrhunderts brandaktuell, und wie weiland Josef Beuys plädiert Friedrich gegen den Numerus clausus! „Aber die Menschen sind einmal da, und ihre Neigung treibt sie unwiderstehlich zur Kunst, wie sie vorgeben. Wenn dem wirklich so ist, so glaube ich, hat auch niemand das Recht, jemanden zurückzuweisen, auch den ärmsten nicht. Dem jungen Mann es an der Nase ansehen wollen, was später aus ihm werden könnte, ja selbst nach einem oder einiger Jahre Prüfung, möchte wohl schwieriger sein, als mancher Herr Professor es glaubt." Falsch sei es in dieser Situation, wenn die Behörden den angehenden Künstler zu ihrem Beruf ermutigen. „Wie kommt es, . . . daß man dennoch alljährlich verführerische Reizmittel als silberne und goldene Ehrenzeichen, Geld und Belobungsschreiben unter die Schüler verteilt? Verführt man nicht etwa die jungen Menschen dadurch, etwas zu erwählen, wozu sie doch keinen inneren Beruf fühlen? Nur falscher Ehrgeiz die Triebfeder ist? . . . Und wäre es wirklich ein Gewinn für die Kunst, wenn in solchen Lehranstalten mit Mühe und Not des Lehrers wie des Schülers Erbärmlichkeit bis zur Mittelmäßigkeit heraufgeschraubt werden könnte?"

Die Wiesen bei Greifswald, der Geburtsstadt Caspar David Friedrichs, vom gleichen Blickpunkt aus fotografiert, von dem der Künstler sie gegen 1820 gemalt hat. Viel hat sich seit Friedrichs Zeiten nicht verändert. Die Stadtsilhouette im Hintergrund mit den Kirchtürmen, die scharf in den hellen Sommerhimmel stoßen, und, was den Maler besonders interessierte: das Wechselspiel von hell beleuchteten und schattigen Zonen.

Spätgotischer Backsteingiebel an einem Greifswalder Bürgerhaus. Nicht weit davon, in der Langen Gasse 28, befand sich die Seifensiederei, die der Vater des Malers begründet hatte und die von den Brüdern weitergeführt wurde.

Die Insel Rügen, nur durch den Greifswalder Bodden vom Festland getrennt, war Friedrichs bevorzugtes Reise- und Wanderziel. Hier hat er die Landschaft, das offene Meer, aber auch die Fischer beobachtet. Diese Fischerboote könnten vergrößerte Details aus einem Friedrich-Gemälde sein.

Es war damals Rügen im ganzen noch wenig von Fremden besucht", schreibt der mit Friedrich befreundete Maler Carl Gustav Carus. Auf Rügen fand Friedrich alles, was des Malers Herz begehrt: das weite Land mit einem riesigen, sich stets verändernden Wolkenhimmel, mächtige alte Baumstämme – nur das strahlende Gelb der blühenden Rapsfelder ist eine moderne Errungenschaft. Die Löwenzahnwiesen dürfte es schon zu Friedrichs Zeiten gegeben haben.

Den Blick auf Stralsund, die alte Hansestadt an der pommerschen Küste westlich von Greifswald, könnte Caspar David Friedrich gemalt haben. Bei Friedrich findet man diese betont horizontale Gliederung, die übereinander angeordneten Bildschichten, die scharf akzentuierte Trennungslinie zwischen Vorder- und Hintergrund, und auch die Nebelschwaden, die Friedrich gern in seinen Bildern wallen läßt, verhüllen auf dieser Fotografie die Stralsunder Stadtsilhouette. Der Fotograf hat sich diese Friedrichschen Spezialitäten zu eigen gemacht und in sein Bildmedium übertragen.

Typisch für das Gebiet von Pommern und Mecklenburg sind die Alleen, die sich mit ihren mächtigen alten Bäumen, deren Schatten über die Straße wandern, in sanften Kurven durch das Land schlängeln. Diese teils hundertjährigen oder noch älteren Alleebäume sollten dem modernen Straßenverkehr geopfert werden. Das konnte glücklicherweise in manchen Fällen durch das entschlossene Eingreifen von Naturschutz- und Bürgerinitiativen verhindert werden.

Die Klosterruine Eldena bei Greifswald, die Überreste einer mittelalterlichen Zisterzienserabtei. Schon als Kind fühlte sich Friedrich von der Ruine Eldena besonders angezogen, und er hat die Vorliebe für das Ruinenmotiv sein Leben lang bewahrt. Auch als er von Greifswald nach Dresden übergesiedelt war, hat ihn das Motiv in die neue Umgebung begleitet. Man findet die gleiche Klosterruine auf seinen Bildern vom Riesengebirge und von Böhmen. Die Fotografie zeigt, daß sich in Eldena seit Friedrichs Zeiten wenig geändert hat, und sie erklärt darüber hinaus, was die Romantik an der Ruine geliebt hat: ihre geheimnisvolle, schwermütige Aura.

Dresden: die frühen Jahre

Das erste Ziel, das Friedrich nach den Kopenhagener Studienjahren ansteuert, ist Greifswald. Was macht ein Künstler, wenn er von der Akademie nach Hause kommt? Er porträtiert seine Angehörigen. Auf diese Weise kann er der Familie beweisen, daß sie ihn nicht umsonst hat studieren lassen. Keine Ölgemälde, das wäre zu aufwendig. Er zeichnet sie mit Kreide. Er zeichnet sie in ihrer engen Beschränktheit. Nur der Bruder Christian hat etwas Schwärmerisch-Romantisches. Der Vater Adolf Gottlieb, ehrpusselig bis zum Gehtnichtmehr, in mehreren Fassungen, zuletzt mit der Lesebrille in ovalem Bildfeld; der ewige Spießer, fast schon eine Karikatur. Dazu das Pendant: die alte Frau mit Bibel und Stundenglas, ebenfalls im Oval. Nicht zu vergessen das Bildnis des Pastorenschwagers Brückner, kahlköpfig, hohlwangig, mit ewig hungrigem Blick. Zum Haushalt gehört auch die Mutter Heiden, die nach dem Tod von Friedrichs Mutter die Familie versorgt.

Nein, in Greifswald ist seines Bleibens nicht. Ein Porträtmaler, angenommen er wäre einer und wollte sich als solcher niederlassen, hätte hier keine Chancen. In Greifswald hat ein Künstler keine Klientel. In Greifswald gibt es nur einen einzigen Menschen, der Kunst sammelt, der auch schon mal eine Arbeit von Friedrich erworben hat. Das ist Friedrichs Lehrer Quistorp. Mit ihm wird der junge Künstler die Lage besprochen haben. Wahrscheinlich war es Quistorp, der ihm geraten hat, nach Dresden zu gehen. Er selber hatte in jungen Jahren an der dortigen Akademie studiert. Möglicherweise hat Quistorp seinem Schüler, an den er felsenfest glaubte, eine Empfehlung nach Dresden mitgegeben.

Jedenfalls traf Friedrich noch im gleichen Jahr in Dresden ein, nach einem kurzen Zwischenaufenthalt in Berlin, wo er die Lage sondiert hat: Sie war für angehende Künstler offenbar nicht sonderlich attraktiv (er konnte nicht ahnen, daß sich später der preußische Hof, daß sich speziell der preußische Kronprinz seinem Werk allergnädigst geneigt zeigen würde...). In Dresden fühlte er sich wohl. Dresden wurde seine zweite Heimat – für den Rest seines Lebens. Die Stadt ist ein Kunstwerk, ein architektonisches Juwel. Das „deutsche Florenz" hatte Herder Dresden genannt, im Hinblick auf die wundervolle Stadtsilhouette, den Blick auf die Brühlsche Terrasse mit der königlichen Residenz und der Frauenkirche, die auf Friedrichs Bildern gelegentlich als Hintergrund auftaucht. Ein „deutsches Florenz" aber auch wegen seiner grandiosen Kunstsammlungen, die zahlreiche Besucher nach Dresden lockten. Diese Kunstfreunde nahmen häufig die Gelegenheit wahr, sich in den Dresdner Ateliers umzusehen. Auch das einheimische Publikum galt als künstlerisch aufgeschlossen.

Mit der barocken Prachtentfaltung war es lange vorbei. Die kulturellen Aktivitäten hatten sich vom Königshof auf das gebildete Bürgertum verlagert, das auch finanziell in der Lage war, sich für Kunst und Literatur zu interessieren. Es gab die Dresdner Akademische Kunstausstellung, an der sich Friedrich bereits 1799, also ein Jahr nach seiner Ankunft, beteiligte. Bei der akademischen Ausbildung, aber auch bei den Jahresausstellungen und beim Dresdner Publikum spielte die Landschaftsmalerei die entscheidende Rolle. Schon Quistorp hatte Friedrich von der Landschaft bei Dresden, vom Elbetal, vorgeschwärmt. Die Skizzenbücher aus den frühen Dresdner Jahren beweisen, daß er sich denn auch mit dem Zeichenstift die nähere und weitere Umgebung Dresdens angeeignet hat. Friedrich ist zwar häufig in Dresden umgezogen, aber er hat fast immer an der Elbe gewohnt und ist, wie seine Freunde berichten, mit Vorliebe an ihren Ufern spazierengegangen. „Die Dämmerung war sein Element, früh im ersten Morgenlicht ein einsamer Spaziergang und ebenso ein zweiter abends bei oder nach Sonnenuntergang,... das waren seine einzigen Zerstreuungen; übrigens brütete er in seinem stark beschatteten Zimmer fast fortwährend über seinen Kunstschöpfungen."

Ausführliches über Friedrichs Wohn- und Lebensverhältnisse in den frühen Dresdner Jahren weiß Gotthilf Heinrich von Schubert zu berichten, ein Mediziner mit mystischen Neigungen, der in Dresden Vorlesungen über „tierischen Magnetismus, Hellsehen und Träume" hielt.

„Friedrich wohnte draußen an der Pirnaischen Vorstadt in einem nahe der Elbe gelegenen Hause, welches, wie die meisten Häuser in der Nachbarschaft, Leuten von geringem Vermögen zugehörte. Die Einrichtung in diesem Zimmer schickte sich ganz gut zu dieser Nachbarschaft; man sah da nichts als einen hölzernen Stuhl und einen Tisch, auf welchem die Gerätschaften seiner Arbeit standen. Kam einer zu ihm, den er wollte sitzen lassen, dann wurde aus der Kammer noch ein alter hölzerner Stuhl, und wenn zwei kamen, eine hölzerne Bank von dem Vorplatz bei der

Der Vater des Malers, Adolf Gottlieb Friedrich, 1802. Ein biederer Handwerker, von Beruf Seifensieder und Kerzengießer. Als Friedrich von der Kopenhagener Akademie nach Greifswald zurückkehrte, hat er zunächst einmal seine Angehörigen porträtiert. Von den verschiedenen Porträts des Vaters ist dies in ovalem Bildfeld mit der Lesebrille das späteste.

Treppe hereingetragen. Denn in der Kammer fand sich außer dem alten Stuhl auch nichts, als ein diesem ebenbürtiger Tisch und ein Bett, über welches eine wollene Decke ausgebreitet lag. Wir waren, als ich den ersten Besuch bei ihm machte, unserer drei, denn Hartmann führte mich und meinen Freund Köthe bei Friedrich ein, deshalb wurden heute alle dem Künstler zu Gebote stehenden Möbel in Bewegung gesetzt.
Ich konnte vorerst nicht satt werden, mir den merkwürdigen Mann zu betrachten. Denn ein solches Angesicht wie das seinige hatte ich damals und habe wohl auch seitdem selten oder nie an einem anderen Menschen gesehen. Es war keineswegs das, was man schön nennt, ziemlich bleich und mager, aber jeder Muskel desselben, auch wenn er sich nicht bewegte, stellte einen kräftigen Charakterzug dar, welcher durch die sich immer gleichbleibende Stimmung des Gemütes zu einem feststehenden Gepräge geworden war. Der schwermütige Ernst, der sich in den Zügen der Stirne kundgab, wurde schon durch den kindlich-treuherzigen Blick der blauen Augen gemildert; über dem Munde schwebte ein leichter Zug des Scherzes."

Der psychologisch geschulte Autor hat den merkwürdigen Mann in der Tat glänzend beobachtet. Man vergleiche mit seiner Beschreibung das Selbstbildnis, das Friedrich um 1810 mit Bleistift und Kreide gezeichnet hat (im Besitz der Berliner Nationalgalerie). Das Gesicht geteilt zwischen Schwermut und Scherz, der Blick, der sich in die eigene Tiefe bohrt. Der Prototyp des Romantikers: Der Dargestellte könnte einem Roman von E. T. A. Hoffmann oder Ludwig Tieck entsprungen sein. In diesem Gesicht hat sich gleichsam die deutsche Romantik, die in Dresden ein literarisches Forum hatte, selbst porträtiert. Im Sommer des Jahres 1798, in dem Friedrich sich in Dresden niedergelassen hatte, trafen sich hier Novalis, Johann Gottlieb Fichte, Friedrich von Schelling, August Wilhelm Schlegel und dessen Frau Caroline Schlegel. In den Jahren 1796 bis 1799 erschienen die folgenden Hauptwerke der deutschen Frühromantik: Wilhelm Heinrich Wackenroders und Ludwig Tiecks „Herzensergießungen eines kunstliebenden Klosterbruders", Tiecks „Franz Sternbalds Wanderungen", die „Dresdener Gemäldegespräche" des Ehepaars Schlegel, Friedrich Hölderlins „Hyperion", Johann Gottlieb Fichtes „System der Sittenlehre", Friedrich von Schellings „Von der Weltseele", Novalis' „Die Christenheit oder Europa" und Friedrich Schleiermachers „Über die Religion". Summa summarum: Diese sogenannte erste Romantische Schule in Deutschland, zeitgleich etwa mit dem Übergang vom 18. ins 19. Jahrhundert, ist als eine Genie-Zeit sondergleichen in die Literaturgeschichte eingegangen.

Eine Frage, oft gestellt und nicht eindeutig zu beantworten: Hat Friedrich, als er nach Dresden ging, die literarische Romantik, die romantische Literatur gekannt? Haben möglicherweise sogar die romantischen Dichter ihn veranlaßt, sich für die romantische Hochburg Dresden zu entscheiden? Wohl eher nein als ja. In Kopenhagen, während des Studiums, dürften ihm deutsche Bücherneuerscheinungen nicht zu Gesicht gekommen sein, ebensowenig bei seinem Kurzbesuch in Greifswald. Erst in Dresden könnte er mit romantischer Literatur und Philosophie bekannt geworden sein. Den Dichter Tieck hat er nachweislich kennengelernt, aber eine Künstlerfreundschaft zwischen Maler und Dichter hat sich nicht daraus entwickelt. In Friedrichs Briefen und anderen schriftlichen Äußerungen ist von Literatur so gut wie nie die Rede. Der Name Hegel wird zwar einmal erwähnt, er muß dessen Werke deshalb jedoch nicht gelesen haben. Man trifft häufiger auf Gedanken, die mit Schellings Naturphilosophie übereinstimmen. Unter den Malern, nicht unter den Literaten, hat Friedrich sich seine Freunde gesucht. Mit seinen Kollegen Gerhard von Kügelgen (1772–1820) und Carl Gustav Carus (1789–1869) hat er philosophische und ästhetische Probleme erörtert. Eine Verbrüderung der Künste unter romantischem Vorzeichen hat im übrigen nie stattgefunden. Malerei und Literatur sind ihre eigenen Wege gegangen. Es ist problematisch, eine Gemeinsamkeit zwischen Tieck und Friedrich, gar zwischen Novalis und Friedrich oder zwischen Runge und Hölderlin feststellen zu wollen.

In den ersten Dresdner Jahren ist die Landschaft zum zentralen, sogar zum einzigen Thema für den Maler Caspar David Friedrich geworden. Als er in Dresden eintraf, war die Entscheidung für die Landschaft noch nicht gefallen. Zunächst wollte er sich an der Dresdner Akademie im Aktzeichnen weiterbilden. An Lund, den Malerfreund aus Kopenhagener Zeiten, berichtet er: „Die beiden ersten Akte, die ich zeichnete oder anfing zu zeichnen, waren unter aller Kritik, so daß ich Ihnen schon schreiben wollte ich were der aller schlechtste unter allen Zeichnern,

Der Bruder des Malers, Christian Friedrich, 1802 (?). Das Porträt ist, wie das des Vaters, mit Kreide gezeichnet. Zu seinem Bruder Christian stand Friedrich in besonders enger Beziehung. Als einzigem seiner Angehörigen hat Friedrich ihm einen schwärmerisch romantischen Ausdruck gegeben.

aber das Blatt hat sich gewendet und mein dritter Akt ist nicht so übel ausgefallen..." Er hat aber nicht nur Zeichenkurse belegt, er hat selber Zeichenunterricht gegeben, teils aus Gefälligkeit oder um sich zusätzlich zu den wenigen Verkäufen Geld zu verdienen. Als erste kamen die Kinder seiner Wirtin an die Reihe.

„Ich geb ietz des Abends 3mal in der Woche dem Traugott Rossine und der Isedore unterricht im Zeichnen, sie zeichnen alle 3 nicht übel." Ebenfalls in einem Brief an Lund beschreibt er die Leiden eines Malers in Untermiete: „... ich sietze eines Nachmittags in meiner Stube und Arbeite, almehlich erhäbt sich ein Lärm unter den Kindern in der andern Stube, der je lenger er wärte je starker er wurde ich blieb wieder meiner gewohnheit immer ruhig endlich schickte die Rosine zu mir und ließ mir bitten doch Ruhe zu gebieten ich thats, aber ärgerte mich dabei so sehr (was ich mit fug und recht hätte können bleiben lassen) daß ich auf der Stelle krank wurde und einige Tage abwechselnd das Bett hüten musste ich bekam mein gewöhnliches reissen in den Gliedern was sich bei argernis und schlegten Wetter ein zu stellen pflegt..."

Was bleibt der geplagten Menschenseele? Die Flucht in die Religion. Unter Friedrichs nachgelassenen Schriften haben sich einige Lieder, gereimte Gebete, gefunden, künstlerisch anspruchslos; der Versuch, die Kindergläubigkeit im Erwachsenendasein zu bewahren.

Lied am Morgen.
Selig, wer vom Schlaf erquickt,
Wer mit frohem Auge blickt
Dankend zu dem Herrn.
Selig, wer mit stillem Sinn
Schaut auf seine Arbeit hin
Und beginnt mit Freuden.
Selig, wer, was er vollbringt,
Wenn es ihm nach Wunsch gelingt,
Dient zum Heil der Menschen.

Außer seinem Gottvertrauen besaß Caspar David Friedrich eine Eigenschaft, ohne die er gerade die frühen Dresdner Jahre kaum überstanden hätte: totale Bedürfnislosigkeit. Ein namenloser Künstler versucht sich über Wasser zu halten. Das Aktzeichnen hat er aufgegeben, es bringt ihm nichts, er hat nie eine Aktzeichnung, männlich oder weiblich, in Öl ausgeführt. Er spezialisiert sich auf landschaftliche Motive aus der Umgebung Dresdens, das Elbeufer, den Plauenschen Grund. Keine Ölbilder, sondern hauptsächlich Zeichnungen in Sepia, weil sie billiger angeboten werden können und sich entsprechend besser absetzen lassen. Und weil er diese Technik souverän beherrscht: Die Sepia erlaubt genaueste Detailtreue, aber auch die großzügige Behandlung von verwischten Hintergründen... „Sie finden allgemeinen Beifall und verdienen es", schreibt Philipp Otto Runge, der selber zwei Sepiazeichnungen von Friedrich erworben hatte. Aber nicht nur das große Publikum fand Gefallen an diesen Arbeiten. Auch Geheimrat Goethe, *der* Kunstpapst in den deutschen Landen, äußerte sich weithin vernehmlich und positiv. Damit war dem Maler noch nicht der große Durchbruch gelungen, aber dank Goethes Urteil war Friedrich immerhin aus der Menge der namenlosen Künstler hervorgetreten.

Friedrich hatte sich 1805 an den Jahreskonkurrenzen der Weimarer Kunstfreunde, die von Goethe und seinem Freund und Mitarbeiter Hans Heinrich Meyer geleitet wurden, beteiligt. Für das Preisausschreiben war ein bestimmtes mythologisches Thema vorgeschrieben – in Weimar war man klassizistisch gesinnt. Wenn der Künstler das Thema nicht behandeln wollte, wurden seine Arbeiten trotzdem bei den Weimarer Kunstfreunden ausgestellt. Friedrich hatte zwei Landschaften in Sepia nach Weimar geschickt. Es spricht für die Liberalität, aber auch für den Kunstverstand der leitenden Herren Goethe und Meyer, daß sie dem bis dato gänzlich unbekannten Caspar David Friedrich den halben Preis zuerkannten. Friedrich bedankte sich mit einem überschwenglichen Brief:

„Hochgeborener Herr Geheimrat!
Die mir von der Gesellschaft der Kunstfreunde in Weimar zugesprochene Hälfte des diesjahr ausgesetzten Preises hat mich so überrascht und erfreuet, daß ich meinen Dank nicht auszusprechen vermag. Doppelt erhöht würde meine Freude dadurch werden, wenn E. E. die zwei eingesandten Zeichnungen als ein Beweis meiner Hochachtung an sich behalten wollten..."

Der Geheimrat hat es nicht für nötig befunden, auf diesen Brief zu antworten. Trotzdem blieben der Dichter und der Maler in einer losen Beziehung. Auf Goethes Veranlassung hat der Weimarer Hof mindestens fünf Ölgemälde von Friedrich erworben. Außerdem hat er Freunden und Freundinnen den Besuch von Friedrichs Atelier empfohlen. Johanna Schopenhauer, die Mutter des Philosophen und Freundin Goethes, schrieb nach ihrem Besuch in Dresden: „Seine Landschaften haben einen schwermütigen, geheimnisvollen, religiösen Sinn; sie ergreifen das Gemüt mehr als das Auge." Eine gescheite Bemerkung, mit der in der Tat das Zentralproblem der romantischen Landschaftsmalerei angesprochen wurde: die Dialektik zwischen Auge und Gemüt, die in Friedrichs eigenen kunsttheoretischen Texten häufig beschrieben und erläutert wird... „Hüte dich vor kalter Vielwisserei, vor frevelhaftem Vernünfteln, denn sie tötet das Herz, und wo das Herz und Gemüt im Menschen erstorben sind, da kann die Kunst nicht wohnen... Heilig sollst du halten jede Regung deines Gemütes, heilig halten jede fromme Ahndung, denn sie ist Kunst in uns! In begeisternder Stunde wird sie zur anschaulichen Form; und diese Form ist dein Bild."

Das Kunstwerk als Synthese von Auge und Gemüt – oder, mit Friedrichs Worten: „Glücklich ist, wo Kopf und Herz und Hand gleichen Schritt halten..."

Im Jahr 1811 hat sich der als menschenscheu bekannte Friedrich im Anschluß an eine Harzwanderung ein Herz gefaßt und Goethe in Jena einen Besuch abgestattet. Goethe hat sich durchaus anerkennend über ihn geäußert, obgleich er mit der „ganzen Richtung", mit dem romantischen Gefühlsüberschwang, vor allem mit ihren düsteren, nächtlichen, winterlichen Motiven keineswegs einverstanden war. Schließlich ist es zum Bruch zwischen ihnen gekommen: als nämlich Goethe bei Friedrich anfragte, ob er ihm „meteorologische Wolkenstudien" liefern könne, Illustrationen zu einem wissenschaftlichen Werk über die Typisierung der Wolkenformen. Friedrich empfand das als unerträgliche Zumutung. Er hat die „Wolkenaufträge" empört abgelehnt, die Begründung gab er in einem Gespräch mit der Malerin Louise Seidler, die Goethe zu Friedrich geschickt hatte. Sie berichtete dem Herrn Geheimrat, daß er, Friedrich, „gleich einen Umsturz der Landschaftsmalerei in diesem System sah, daß er fürchtet, künftig müßten nun die leichten, freien Wolken sklavisch in diese Ordnungen eingezwängt werden".

Drei Jahre nach Erhalt des Weimarer Kunstpreises, anno 1808, entstand ein Bild, das heftige Diskussionen entfesselte und Friedrichs Namen mit einem Schlag in der Kunstwelt bekannt machte. Es ist „Das Kreuz im Gebirge", bekannter unter dem Titel „Der Tetschener Altar" (heute in der Dresdner Gemäldegalerie). Das Bild war eine Auftragsarbeit für den Grafen von Thun-Hohenstein und sollte für die Hauskapelle seines Schlosses Tetschen an der sächsisch-böhmischen Grenze „in Öl und farbigem Kolorit ausgeführt werden". Eben wegen dieses Auftrags, schreibt Friedrichs Malerfreund Rühle von Lilienstern, habe Friedrich angefangen, sich ernsthaft mit der Ölmalerei zu befassen und in wenigen Monaten bedeutende Fortschritte gemacht. Nach anderer Ansicht habe Friedrich bereits 1807, unabhängig von dem Tetschen-Auftrag, Ölbilder gemalt, darunter ein „Kreuz im Gebirge". Dieses Bild hätte die Gräfin von Thun-Hohenstein gesehen und daraufhin ihren Mann gebeten, ein entsprechendes Altarbild bei Friedrich zu bestellen. Friedrich selbst erwähnt den Auftrag in einem Brief an seinen Bruder Christian vom November 1808, in dem er auf seine finanzielle Situation eingeht: „Ich bin gesund und habe seit einiger Zeit verschiedenes von meinen Arbeiten verkauft und meine Umstände haben sich gebessert. Soeben hatte ich einen Besuch vom Erbprinzen von Weimar, er war, wie's sich gehört, sehr artig." (Ob der Prinz ein Bild und gegebenenfalls welches er (im Auftrag Goethes?) erworben hat, wissen wir nicht.) . . . „Zu Weihnachten denke ich 200 Taler einzunehmen für ein Bild, was jetzt bald fertig ist . . ."

Das Kreuz im Gebirge, 1807–1808, bekannter unter dem Titel *Der Tetschener Altar.* Das Bild hat eine heftige Diskussion – den sogenannten Ramdohr-Streit – ausgelöst und den fast unbekannten Maler mit einem Schlag berühmt gemacht. Es ging um die Frage, ob Friedrich hier eine Landschaft oder nicht vielmehr eine religiöse Idee dargestellt habe: Malerei als mystische Inszenierung.

Das Bild war pünktlich zu Weihnachten fertig, die Dresdner Kunstfreunde hatten davon gehört und wollten das Werk, bevor es nach Tetschen abging, besichtigen. Daraufhin, schreibt Rühle von Lilienstern, habe Friedrich „den dringenden Wünschen seiner Freunde und Bekannten nachgegeben, und da sich die Zahl der Schaulustigen täglich vermehrt hatte, entschloß er sich, es in seiner Abwesenheit einige Tage lang in seiner Wohnung auszustellen ..." Zu den Besuchern von Friedrichs Wohnung gehörte Helene Marie von Kügelgen, die Gattin des mit Friedrich befreundeten Malers Gerhard von Kügelgen: „Gestern machte ich den ersten Ausgang und ging gerade über die Elbe zu Friedrich, um sein Altarbild zu sehen. Ich fand viele Bekannte dort, unter andern den Kammerherrn Riehl mit seiner Gemahlin, den Prinzen Bernhard, Beschoren, Seidelmann, Volkmann, die Bardua usw. Es ergriff alle, die ins Zimmer traten, als beträten sie einen Tempel. Die größten Schreihälse, selbst Beschoren, sprachen leise und ernsthaft wie in einer Kirche."

Indessen, die andächtige Bewunderung war doch nicht so einhellig, wie Madame Kügelgen vermutet hatte. Es gab zum mindesten eine kritische Stimme. Sie gehörte nicht irgendeinem beliebigen Besucher, sondern einem professionellen Kritiker. Der angesehene Kunstpublizist Friedrich Wilhelm Basilius von Ramdohr veröffentlichte im Januar 1809 in der „Zeitung für die elegante Welt" in vier Fortsetzungen einen ungewöhnlich langen und grundsätzlichen Artikel „Über ein zum Altarblatte bestimmtes Landschaftsgemälde von Herrn Friedrich in Dresden, und über Landschaftsmalerei, Allegorie und Mystizismus überhaupt". Es handelt sich um einen der gründlichsten Verrisse in der gesamten Kunstjournalistik, und dennoch hat er mehr zu Friedrichs Ruhm beigetragen, als zahlreiche lobende Erwähnungen es vermocht hätten. Ramdohrs Artikel hat eine heftige Diskussion ausgelöst – mehrere mit Friedrich befreundete Künstler meldeten sich zu Wort. Der Künstler selbst griff mit einer polemischen Erwiderung in die Debatte ein. Bis heute nimmt die Auseinandersetzung um den „Tetschener Altar" einen breiten Raum in der Friedrich-Literatur ein, wobei Ramdohrs Kritik als völlig unbegründet zurückgewiesen wird – eine Krämerseele maße sich da an, über ein Genie zu urteilen. Zugegeben, wenn Ramdohr auf Verstöße gegen die Regeln der klassischen Landschaftsmalerei, repräsentiert durch Claude Lorrain (1600–1682) und Jacob van Ruisdael (1628 oder 1629–1682), auf Verstöße gegen die Luftperspektive und den korrekten Lichteinfall verweist, wirken seine Argumente reichlich antiquiert.

Aber der Kern seiner Kritik richtet sich nicht gegen Mängel in der malerischen Ausführung, sondern gipfelt in der Frage: „Ist es ein glücklicher Gedanke, die Landschaft zur Allegorisierung einer bestimmten religiösen Idee oder auch nur zur Erweckung der Andacht zu gebrauchen?" Mit dieser Frage beweist Ramdohr, daß er Friedrichs Intentionen richtig verstanden hat. Der Maler muß in der Tat Antwort auf die Frage geben, ob er hier eine Landschaft oder eine religiöse Idee darstellen wollte. Es existieren zwar einige Fichten-Studien, die er möglicherweise im Hinblick auf den Tetschener Altar gemacht hat, aber was das Bild an landschaftlichen Details, an „Natur" enthält, ist eine entfremdete, eine der christlichen Idee geopferte Natur. Der glühende Abendhimmel mit seinen fließenden Wolkengebilden ist die gewaltige Aureole für den Gekreuzigten. Das Licht ist kein natürliches Abendlicht, es ist geistliches Licht, das in gebündelten Strahlen gleichsam aus dem Jenseits auf unsere Erde fällt. In überlegter Anordnung läßt der Maler die Fichten aus den Felsen emporsteigen, bis sie knapp unterhalb des Gekreuzigten enden. Die gesamte Komposition erweckt den Eindruck einer mystischen Inszenierung, die darauf angelegt ist, beim Bildbetrachter „der Erweckung der Andacht" zu dienen. Das ist der Punkt, an dem Ramdohrs Kritik ansetzt. Was er anprangert, ist „jener Mystizismus, der jetzt überall sich einschleicht und aus Kunst wie Wissenschaft, aus Philosophie wie aus Religion gleich einem narkotischen Dunste uns entgegenwittert". Auf diesen in der Tat entscheidenden Punkt ist die anschließende Diskussion, die in Zeitungen und Zeitschriften mit Artikeln und offenen Briefen geführt wurde, kaum eingegangen. Friedrich selber lieferte eine Beschreibung und Deutung des Bildes, obgleich an seinem christlich-religiösen Gehalt nicht der geringste Zweifel bestehen konnte. „Da leuchtet vom reinsten edelsten Metall der Heiland am Kreuz im Golde des Abendrots und widerstrahlt so im gemilderten Glanz auf Erden. Auf einem Felsen steht aufgerichtet das Kreuz, unerschütterlich fest wie unser Glaube an Jesum Christum. Immergrün, durch alle Zeiten während, stehen die Tannen um das Kreuz, wie die Hoffnung der Menschen auf ihn, den Gekreuzigten." Die einzige Symbolik, die man ohne Friedrichs Hinweise vielleicht übersehen könnte: „und immergrüner Epheu umwindet des Kreuzes Stamm".

Was Friedrich und die Maler, die sich in der Diskussion mit ihm solidarisierten, am meisten empörte, war Ramdohrs Behauptung, der Künstler müsse unter allen Umständen die überlieferten Regeln einhalten. Friedrich über sich selbst in einem Brief an den Akademieprofessor Schulz: „Wäre das Bild des

Malers Friedrich nach den durch Jahrhunderte geheiligten und anerkannten Regeln der Kunst verfertigt, das heißt mit anderen Worten: hätte Friedrich sich der Krücken der Kunst bedient, und nicht die Vermessenheit gehabt, auf eigenen Füßen gehen zu wollen, wahrlich der Herr Kammerherr von Ramdohr hätte sich nimmer aus seiner Ruhe stören lassen".

Mönch am Meer, 1809–1810, eine der beiden Landschaften, die Friedrich 1810 zur Akademieausstellung in Berlin eingereicht hatte und die, auf Wunsch des Kronprinzen, vom König von Preußen erworben wurden. In einem berühmt gewordenen Artikel hat der Dichter Heinrich von Kleist seine „eignen Empfindungen über dies wunderbare Gemälde" zu Papier gebracht.

Bemerkenswert an dieser mit Elan ausgetragenen Kontroverse (Ramdohr hat auf die gegen ihn gerichteten Angriffe mit einem langen Aufsatz „Über kritischen Despotismus und künstlerische Originalität" geantwortet) ist der folgende Umstand: Auf den Mystizismus, den Ramdohr ihm vorgeworfen hat, ist Friedrich mit keiner Silbe eingegangen. Sollte er sich diesen kritischen Einwand zu Herzen genommen und das Verhältnis von Landschaft und Religion neu überdacht haben? Ich halte das für wahrscheinlich. Friedrich hat nach dem „Tetschener Altar" nie wieder ein Altarbild gemalt. Die sakralisierte und mystifizierte, mit christlicher Symbolik überladene Landschaft ist isoliert in seinem Werk geblieben. Friedrich hat zur natürlichen Landschaft zurückgefunden, die er als göttliche Offenbarung erlebte und die in ihm jede Art von tiefen, auch von religiösen Empfindungen weckte.

Auf den „Tetschener Altar" folgen zwei Landschaften von extrem unterschiedlichem Charakter, heimatliche Motive, die ihm seit der Jugend vertraut sind: der Ostseestrand und ein winterlicher Eichenwald mit der Klosterruine Eldena bei Greifswald. Friedrich hat die Bilder als zusammengehörige Gegenstücke konzipiert. Beide haben das gleiche, für Friedrichs Verhältnisse ungewöhnlich große Format von 110 x 171 cm, und sie haben beide die Unendlichkeit als Hintergrund. Friedrich hat die Bilder unter dem unprätentiösen Titel „Zwei Landschaften" zur Akademie-Ausstellung nach Berlin geschickt, wo sie zwar verspätet eintrafen, aber beim Publikum wie bei der Presse ein lebhaftes Echo auslösten. Der Kronprinz von Preußen war so begeistert, daß er seinen Vater, König Friedrich Wilhelm III., veranlaßte, die beiden Bilder zu erwerben. Sie sind zusammen-

geblieben, heute hängen sie unter den Titeln „Der Mönch am Meer" und „Abtei im Eichwald" im Schloß Charlottenburg in Berlin.
Einige Auserwählte hatten die Bilder schon vor der Ausstellung in Friedrichs Atelier in Dresden gesehen. Unter ihnen Helene Marie von Kügelgen, die sich seinerzeit zutiefst ergriffen über den Tetschener Altar geäußert hatte. Mit dem „Mönch am Meer" hatte sie Schwierigkeiten. „Ein großes Bild in Öl sah ich auch, welches meine Seele gar nicht anspricht", schreibt sie an eine Freundin. „Ein weiter, unendlicher Luftraum. Darunter das unruhige Meer und im Vordergrund ein Streifen hellen Sandes, wo ein dunkel gekleideter oder verhüllter Eremit umherschleicht. Der Himmel ist rein und gleichgültig ruhig, kein Sturm, keine Sonne, kein Mond, kein Gewitter – ja, ein Gewitter wäre mir ein Trost und ein Genuß, dann sähe man doch Leben und Bewegung irgendwo. Auf der ewigen Meeresfläche sieht man kein Boot, kein Schiff, nicht einmal ein Seeungeheuer, und in dem Sande auch nicht ein grüner Halm. Nur einige Möwen flattern umher und machen die Einsamkeit noch einsamer und grausiger."
Tatsächlich ist das Meer nicht immer so leer gewesen. Ursprünglich hatte Friedrich zwei Segelschiffe rechts und links von der Mönchsgestalt vorgesehen. Sie sind bei Infrarotaufnahmen des Bildes sichtbar geworden. Um das Gefühl von Einsamkeit noch zu verstärken, hat der Maler jedoch auf sie verzichtet. Möglicherweise hat Friedrich auch den Himmel überarbeitet. In der endgültigen Fassung ist er jedenfalls alles andere als „rein und gleichgültig", wie Helene Marie von Kügelgen ihn gesehen hat. Hat das Bild sich verändert oder gibt die Betrachterin einen falschen Eindruck wieder? Der Jenaer Buchhändler Karl Friedrich Frommann notiert am 24. September 1810 in seinem Tagebuch: „Vormittags Besuch bei Friedrich, Ansicht verschiedener seiner Gemälde . . . zwei ganz große Öl-Landschaften, die eine im Winter mit sechs oder acht kahlen Bäumen, um eine Kapelle, in deren Hintergrund eine Doppellampe ein schönes Licht macht und wo der Nebel sich im Vor-Mittel- und Hintergrund magisch hinzieht. Die andere die Ostsee mit schön blinkenden Wellen beim letzten Viertel des Mondes und dem schwach blitzenden Morgenstern." Die einfachste Erklärung für die Abweichung zwischen den Texten und den Gemälden: Bilder aus der Erinnerung zu beschreiben ist nahezu unmöglich, das Gedächtnis ist ebenso groß im Erfinden wie im Weglassen.
Nur wenige Tage zuvor, am 18. September 1810, ist Goethe bei Friedrich gewesen – das erste und einzige Mal, daß er

Selbstbildnis (1810, Berliner Kupferstichkabinett), das psychologisch wohl eindringlichste unter den verschiedenen Selbstporträts. Der Künstler, der sich selbst auf den Grund zu kommen trachtet, dessen Blick sich in die eigene Tiefe bohrt. Ein sehr persönliches Porträt und zugleich ein generell gültiges: der Prototyp des Romantikers.

ihn besucht hat. Er notiert kurz und treffend: „Zu Friedrich, Dessen wunderbare Landschaften. Ein Nebelkirchhof, Ein offenes Meer." Um so ausführlicher, weitausholend, schwärmerisch, ja enthusiastisch hat sich Heinrich von Kleist über den „Mönch am Meer" geäußert. Kleist hatte Friedrich 1808 in Dresden, wahrscheinlich im Hause der gemeinsamen Freunde Körner, kennengelernt. Seit 1809 lebte er in Berlin, wo er seit dem 1. Oktober 1810 die „Berliner Abendblätter" herausgab, die wegen Schwierigkeiten mit der preußischen Zensurbehörde nur wenige Monate erscheinen konnten. Am 13. Oktober 1810 erschien der inzwischen berühmt gewordene Artikel „Verschiedene Empfindungen vor einer Seelandschaft von Friedrich, worauf ein Kapuziner", der wenigstens auszugsweise wiedergegeben werden soll:

„Herrlich ist es, in einer unendlichen Einsamkeit am Meeresufer unter trübem Himmel auf eine unbegrenzte Wasserwüste hinauszuschauen. Dazu gehört gleichwohl, daß man dahin gegangen sei, daß man zurück muß, daß man hinüber möchte, daß man es nicht kann, daß man alles zum Leben vermißt und die Stimme des Lebens dennoch im Rauschen der Flut, im Wehen der Luft, im Ziehen der Wolken, in dem einsamen Geschrei der Vögel vernimmt... und so ward ich selbst der Kapuziner, das Bild ward die Düne; das aber, wo hinaus ich mit Sehnsucht blicken sollte, die See, fehlte ganz. Nichts kann trauriger und unbehaglicher sein als diese Stellung in der Welt: der einzige Lebensfunke im weiten Reich des Todes, der einsame Mittelpunkt im einsamen Kreis. Das Bild liegt mit seinen zwei oder drei geheimnisvollen Gegenständen wie die Apokalypse da, als ob es Youngs Nachtgedanken hätte und, da es in seiner Einförmigkeit und Uferlosigkeit nichts als den Rahmen zum Vordergrund hat, als wenn einem die Augenlider weggeschnitten wären.

Gleichwohl hat der Maler zweifelsohne eine ganz neue Bahn im Felde seiner Kunst gebrochen, und ich bin überzeugt, daß sich mit seinem Geiste eine Quadratmeile märkischen Sandes darstellen ließe mit einem Berberitzenstrauch, worauf sich eine Krähe einsam plustert, und daß dies Bild eine wahrhaft Ossianische oder Kosengartensche Wirkung tun müßte. Ja, wenn man diese Landschaft mit ihrer eigenen Kreide und mit ihrem eigenen Wasser malte, so glaub' ich, man könnte die Füchse und Wölfe damit zum Heulen bringen: das Stärkste, was man ohne allen Zweifel zum Lobe für diese Art von Landschaftsmalerei beibringen kann. Doch meine eigenen Empfindungen über dies wunderbare Gemälde sind zu verworren..."

Ein unglaublicher, ein starker Text mit Unebenheiten und Unstimmigkeiten. Keine Bildbetrachtung, keine Kunstkritik, sondern die – verworrenen – Empfindungen eines Dichters. Aber welches Dichters? Die Frage ist nicht eindeutig zu beantworten. Heinrich von Kleist hat den Artikel redigiert, geschrieben hat ihn Clemens Brentano, entweder allein oder zusammen mit Achim von Arnim. Die beiden romantischen Dichter waren freie Mitarbeiter an Kleists „Abendblättern". Sie sollen wegen der Überarbeitung ihres Artikels verstimmt gewesen sein. Kleist selber gab in der Ausgabe vom 22. Oktober die folgende Erklärung ab: „Nur der Buchstabe desselben gehörte den genannten beiden Herren; der Geist aber und die Verantwortlichkeit dafür, so wie er jetzt abgefaßt ist, mir." In der Tat, der Kleistsche Sprachduktus ist unüberhörbar, bestimmte Wendungen wie „weggeschnittene Augenlider" oder die Darstellung der „Quadratmeile märkischen Sandes" lassen an seiner Autorschaft keinen Zweifel. Manchmal glaubt man den lyrischen Brentano-Ton zu vernehmen. Aber es ist unmöglich, die verschiedenen Textanteile sauber auseinanderzudividieren. Nur so viel ist sicher: Brentano hatte den Einfall, seinen Artikel mit erdachten oder realen Gesprächen zu beenden, die von Ausstellungsbesuchern vor dem Bild geführt werden, ein schönes Beispiel für die romantische Ironie, in der Tiefsinn in Albernheit umschlägt. Eine Kostprobe:

„Eine Dame und ein Herr, welcher vielleicht sehr geistreich war, treten auf. Die Dame sah in ihr Verzeichnis und sprach: Nummer zwei: Landschaft in Öl. Wie gefällt es Ihnen? Herr: Unendlich tief und erhaben! Dame: Sie meinen die See, ja, die muß erstaunlich tief sein, und der Kapuziner ist auch sehr erhaben. Herr: Nein, Frau Kriegsrat, ich meine die Empfindung des einzigen Friedrich bei diesem Bilde. Dame: Ist es schon so alt, daß er es auch gesehen? Herr: Ach, Sie mißverstehen mich, ich rede von dem Maler Friedrich. Ossian schlägt vor diesem Bild in die Harfe. (Ab) Zwei junge Damen – Erste Dame: Hast Du gehört, Luise? Das ist Ossian. Zweite Dame: Ach nein, du mißverstehst ihn, es ist der Ozean..." Der Redakteur Kleist hat, sehr zum Ärger Brentanos, diese Gespräche, die seitenlang und witzig so weitergeführt werden, restlos gestrichen.

Was nun den „Mönch" betrifft, das einzige Lebewesen in dem Raum zwischen schmalem Sandstreifen und riesigem Himmel, so kann man in der Friedrich-Literatur häufig lesen, es handle sich um ein Selbstbildnis des Malers. Dafür sprächen (wie schon Frommann beobachtet hatte) der runde Schädel und das lange blonde Haar. Bei dieser im Verhältnis zum Bildraum winzigen

Figur physiologische Ähnlichkeiten ausmachen zu wollen, erscheint reichlich sinnlos, und warum sollte sich Friedrich als Mönch in brauner Kutte verkleiden? Der Mönch dürfte vielmehr als Identifikationsfigur zu verstehen sein, was Kleist intuitiv begriffen hatte („und so ward ich selbst der Kapuziner"). Es bedarf einer menschlichen Gestalt, damit die Einsamkeit der nächtlichen Meerlandschaft spürbar wird und sich dem Betrachter mitteilt. Darin liegt das Neuartige dieser Malerei, der Fortschritt auch gegenüber dem „Tetschener Altar": Die Landschaft wird nicht mystifiziert oder als Allegorie des christlichen Glaubens vorgeführt. Sie ist elementare Natur, und was sie an Empfindungen im Künstler oder im Bildbetrachter auslöst, sind Gefühle der Einsamkeit, der Leere, der Unendlichkeit – in Malerei umgesetzt.

Wie kann man aber die Unendlichkeit malen? Der helle Streifen Strand im Vordergrund suggeriert das Ende der Welt und den Beginn des unendlichen Weltraums. Der Horizont ist so tief angelegt, daß der Himmel sich ins Endlose ausdehnt. Die drei waagerechten Raumsegmente – Strand, Meer, Wolkenhimmel – haben keine seitliche Begrenzung, sie setzen sich im Auge und der Phantasie des Betrachters nach links und rechts endlos fort. Dazu kommt ein schwer zu benennender malerischer Vorgang. Friedrich hat in diesem Bild nur fließende, flüchtige Materie – Wolken, Wasser, Sand – dargestellt, und eben diese Welt von fließender, nebelhafter, konturloser Materie erweckt die Empfindung von Unendlichkeit.

Die Unendlichkeit läßt sich nicht lokalisieren. Wo, an welchem Strand der Mönch wandelt, wissen wir nicht und müssen wir nicht wissen. Anders bei der zweiten Landschaft, der „Abtei im

Abtei im Eichwald,
1809–1810. Dargestellt ist die Klosterruine Eldena bei Greifswald. Seit Kindertagen hat Friedrich das Ruinenmotiv geliebt, und er hat es gleichsam im Reisegepäck mitgenommen, als er von Greifswald nach Dresden übersiedelte. Er hat Eldena von der Ostsee ins Riesengebirge und nach Böhmen verlagert, wo immer er für ein Bild eine Ruine brauchen konnte.

Eichwald“. Die Abtei läßt sich topographisch einwandfrei bestimmen. Es handelt sich um die Klosterruine Eldena bei Greifswald, die Überreste einer bedeutenden Zisterzienserabtei, um die im frühen 13. Jahrhundert die Siedlung Greifswald gegründet worden war. Die Ruine hat sich, wie die Fotografie erkennen läßt, seit Friedrichs Zeiten nur geringfügig verändert. Die Unterschiede zwischen der heutigen Ansicht und dem Gemälde von 1810 gehen auf das Konto des Malers, der die Ruine seinen Vorstellungen und Ideen unterworfen hat. So hat er beispielsweise das Maßwerk in dem schmalen gotischen Fenster der Ruinenwand frei erfunden. Es existieren zahlreiche Eldena-Gemälde, die früheste Zeichnung ist von 1790, das letzte Bild 1836 datiert. In jeder Abbildung sieht die Ruine und ihre Umgebung etwas anders aus. Friedrich hatte das Eldena-Motiv in seinem geistigen Gepäck mitgenommen, als er von Greifswald nach Dresden übersiedelte, und überall in seinen Bildern verwendet, in denen er eine Ruine brauchen konnte. Dann liegt Eldena nicht mehr an der Ostsee, sondern etwa im Riesengebirge oder in Böhmen. Seine lebenslange Vorliebe für die Ruinenthematik teilte Friedrich mit dem Zeitgeist. Gegen Ende des 18. Jahrhunderts wurden aus Begeisterung für den schaurig-romantischen Verfall sogar künstliche Ruinen errichtet ... Die „Abtei im Eichwald“ (sein größtes Ruinenbild) macht deutlich, warum sich Friedrich von dieser Klosterruine und von jeder Ruine so übermächtig angezogen fühlte. Sie hat eine unheimliche, geheimnisvolle, schwermütige Aura. Sie erinnert an Vergangenheit und Vergänglichkeit, an die verrinnende Zeit, an Verfallen und Sterben. Darüber hinaus könnte Friedrich die Ruine gleichsam als Zwischenzustand in dem Prozeß gedeutet haben, in dem sich Menschenwerk (die Abtei) allmählich in Natur (einen Felsen zwischen kahlen Bäumen) zurückverwandelt.

Um dem Gedanken an Tod und Vergänglichkeit noch größeres Gewicht zu geben, hat Friedrich die Klosterruine zum Schauplatz eines Begräbnisses gemacht. Mit Sicherheit kann er den Vorgang nicht realistisch gemeint haben – warum sollte sich in dem längst verlassenen, verfallenen Kloster ein Friedhof befinden? Auch erscheint es unwahrscheinlich, daß der Maler eine Szene aus der Vergangenheit des Klosters beschwören wollte, etwa als die Zisterzienser hier noch zu Grabe getragen wurden. Offenbar will er gar keine Realität, sondern eine Vision beschwören. Die Mönche, die zwischen den Gräbern herumgeistern und sich um das Kruzifix hinter dem Ruinenportal sammeln, lassen die Szene noch geheimnisvoller wirken. Die „Abtei im Eichwald“ ist geradezu beispielhaft für die Divergenz zwischen realistischer Außenschau und visionärer Innenschau, auf die Friedrich selbst immer wieder hingewiesen hat und die man als sein künstlerisches Credo, ja als das Credo der romantischen Malerei bezeichnen kann: „Der Maler soll nicht bloß malen, was er vor sich sieht, sondern auch, was er in sich sieht. Sieht er aber nichts in sich, so unterlasse er auch zu malen, was er vor sich sieht.“

Die „Abtei im Eichwald“, vor allem deren Begräbnisszene, hat zu den merkwürdigsten Deutungen Anlaß gegeben. Hartnäckig wird die Ansicht vertreten, Friedrich habe hier sein eigenes Begräbnis dargestellt. Auf diese Weise könnte das Bild mit dem „Mönch am Meer“ geistig verklammert werden. Wenn nämlich dieser Mönch ein Selbstbildnis des Malers darstellen soll, dann würde der Maler mit der „Abtei im Eichwald“ zeigen, wie der als Mönch verkleidete Maler von seinen Mitbrüdern begraben wird ...

Wie der „Mönch am Meer“ hat auch die „Abtei im Eichwald“ eine dichterische Interpretation gefunden. Sie stammt aus der Feder Theodor Körners, des Dresdner Schriftstellers, mit dem sich Friedrich ob seiner patriotischen Begeisterung und seiner Freiheitsliebe freundschaftlich verbunden fühlte. Daß Körner kein Kleist und kein Brentano war, soll das Vergnügen an seinem Bildgedicht, das sich eng an die Bilderzählung hält, nicht mindern:

Die Erde schweigt mit tiefem, tiefem Trauern,
Vom leisen Geisterhauch der Nacht umflüstert;
Horch, wie der Sturm in alten Eichen knistert,
Und heulend braust durch die verfallnen Mauern.

Es blickt der Silber-Mond mit bleichem Zittern
Mit stiller Wehmut durch die öden Fenster; –
Auch seiner Strahlen sanftes Licht verblüht! –
Und leis' und langsam durch des Kirchtors Gittern,
Still wie das Wandern nächtlicher Gespenster
Ein Leichenzug mit Geisterschritten zieht.“

... und so weiter bis zu den Schlußzeilen:

„Hier darf ich kühn dem eignen Herzen trauen:
Nicht kalt bewundern soll ich, – nein, ich fühle,
Und im Gefühl vollendet sich die Kunst.

Im Jahre 1798 trifft Friedrich nach seinen Studienjahren an der Kopenhagener Akademie in Dresden ein. Hier bleibt er für den Rest seines Lebens. Die Stadt wird seine zweite Heimat. Dresden – ein architektonisches Juwel – das „Elbflorenz". Berühmt ist der Blick auf die Brühlsche Terrasse mit den Barocktürmen. Wie die Fotografie erkennen läßt, ist der ursprüngliche Zustand bereits teilweise wiederhergestellt. Friedrich hat sein Quartier in Dresden häufig gewechselt, aber er hat immer dicht an der Elbe gewohnt und ist täglich an ihrem Ufer spazierengegangen . . .

Der sogenannte „Tetschener Altar“, als Auftragsarbeit in Friedrichs Dresdner Atelier entstanden, hängt heute in der Dresdner Gemäldegalerie. Friedrich hat das Bild, bevor es in eine Schloßkapelle geliefert wurde, in seiner Wohnung ausgestellt, wo es von den städtischen und auswärtigen Kunstfreunden bewundert werden konnte. „Es ergriff alle, die ins Zimmer traten, als beträten sie einen Tempel“, heißt es in einem zeitgenössischen Bericht.

Unterwegs: von den Rügener Kreidefelsen bis in den Harz

O Wandern, Wandern, meine Lust . . ." singt der Dichter Wilhelm Müller in dem von Schubert vertonten Zyklus „Die schöne Müllerin". Wandern ist nicht nur des Müllers, sondern jedes Romantikers Lust, sei er Maler, Poet oder einfach Naturgenießer. Für Friedrich gab es nichts Schöneres, als auf Schusters Rappen, das Skizzenbuch im Beutel, über Land zu ziehen. Gelegentlich mit Freunden und Bekannten. Aber am liebsten allein. Als der russische Dichter und Staatsrat W. A. Shukowski, mit dem Friedrich befreundet war, ihn zu einer Reise in die Schweiz einlud, lehnte Friedrich ab. Bei Shukowski heißt es dazu: „‚Sie wollen mich mit sich haben', antwortete er mir, ‚aber das Ich, das Ihnen gefällt, wird nicht mit Ihnen sein! Ich muß alleine bleiben und wissen, daß ich allein bin, um die Natur vollständig zu schauen und zu fühlen; ich muß mich dem hingeben, was mich umgibt, mich vereinigen mit meinen Wolken und Felsen, um das zu sein, was ich bin. Die Einsamkeit brauche ich für das Gespräch mit der Natur. Einmal wohnte ich eine ganze Woche im Uttewalder Grund zwischen Felsen und Tannen, und in dieser ganzen Zeit traf ich keinen einzigen lebenden Menschen; es ist wahr, diese Methode rate ich niemandem – auch für mich war das schon zuviel: Unwillkürlich tritt Düsterkeit in die Seele.'"

Manchmal aber war ihm Reisebegleitung durchaus erwünscht. Seinem Bruder Heinrich schrieb er aus Dresden: „. . . Es ist mir so, und ich bilde es mir recht gerne ein, daß Du kommenden Sommer uns wieder besuchst. Würde es wahr und ginge mein Wunsch in Erfüllung, dann wollten wir eine schöne Reise zusammen machen, aber ohne Weibsbilder, denn das ist Lumperei. Du hast doch nur einen kleinen Teil der hiesigen Naturschönheiten und Naturwunderbarkeiten gesehen. Jetzt male ich ein Bild von Stubbenkammer . . ."

Es dürfte sich um eines der bekanntesten Friedrich-Gemälde, die „Kreidefelsen auf Rügen" handeln (Stiftung Oskar Reinhart Winterthur). Die Insel Rügen, nur durch den Greifswalder Bodden von Greifswald getrennt, ist Friedrichs bevorzugtes Reise- und Wanderziel. Seine Biographen haben nachgerechnet, wie oft er Rügen besucht hat: siebenmal zwischen 1801 und 1826. Natürlich ist er auch schon vor 1800 auf Rügen gewesen. Wahrscheinlich als Kind mit der Familie. Und als Zeichenschüler mit seinem Lehrer Quistorp. Es existiert von einer Rügenwanderung eine frühe Zeichnung, auf der Quistorp sich auf einem Hünengrab niedergelassen hat. Die Hünengräber auf Rügen hat er später oft gemalt, er liebt sie als Denkmäler einer mythischen Vorzeit, er liebt ihre geheimnisvolle Aura. Rügen ist – oder war es zu Friedrichs Zeiten – ideal zum Wandern. Die Insel bot alles, was des Malers Friedrich Herz begehrte: weites, ebenes Land mit einem riesigen, sich stets verändernden Wolkenhimmel, ausgedehnte Buchenwälder und einzeln stehende Eichen, Binnenseen, Buchten, Landzungen, vor allem eine Küste, die ihr Aussehen ständig wechselt, Sandstrand, Steine, Felsen, so daß der Wanderer die See immerzu anders erlebt . . . Dazu, und das war für Friedrich wohl ausschlaggebend: jede Menge Einsamkeit. Damals, versteht sich, als gerade erst ein Hauch von Tourismus (kein Massen-, sondern nur Individualtourismus) die Insel Rügen gestreift hatte. Im Jahre 1793 war, auf fürstlichen Wunsch, das erste Ostseebad, Heiligendamm, gegründet worden.

Im gleichen Jahr veröffentlichte der Göttinger Philosoph Georg Christoph Lichtenberg (1742–1799) den Aufsatz „Warum hat Deutschland noch kein großes öffentliches Seebad?" Den Grund sieht er in der unausrottbaren Prüderie: Wie kann man (speziell frau) baden, ohne den Körper zu entblößen und das Schamgefühl zu verletzen? Sein Vorschlag, nach englischem Vorbild: die Damen per Badewagen ins Wasser zu karren . . .

Über die gastronomischen und touristischen Verhältnisse, die damals auf der Insel Rügen herrschten, hat sich ausführlich Carl Gustav Carus geäußert, Arzt, Maler und Schriftsteller in einer Person, der 1817 nach Dresden gezogen war und sich mit Friedrich angefreundet hatte. Nachdem Friedrich ihm von seiner pommerschen Heimat und speziell der Insel Rügen vorgeschwärmt hatte, unternahm Carus im Jahre 1818 eine ausgedehnte Reise an die Ostseeküste: „Es war damals Rügen im ganzen noch wenig von Fremden besucht, und eine größere Einfachheit herrschte dort. Statt eines zum Empfange wohleingerichteten Hotels etwa lag da unter verstreuten Granitblöcken eine rauchige Fischerhütte, die dem Anlangenden eben nur Befriedigung der nächsten Bedürfnisse bot . . . Ich fand es sehr originell, als die Wirtin, um unser Frühstück zu besorgen, aus dem großen Rauchfange gleich neben der sogenannten Gaststube von den in dichten Reihen dort hängenden Flundern und Zungen (Pleuronectes solea) sofort eine Anzahl herunterholte und uns zum Kaffee auftischte . . ."

Anschließend beschreibt Carus die Motive, die ihm unterwegs beim Wandern aufgefallen sind. Es sind in der Tat Friedrichs Motive, man glaubt beinahe seine Stimme zu hören, so sehr ähneln sich die beiden in ihrer Art, Natur zu erleben. Carus hat viele Jahre später, 1831, „Neun Briefe über Landschaftsmalerei" publiziert, die weitgehend auf Gespräche mit Caspar David Friedrich

zurückgehen und eine wichtige Quelle zum Verständnis seiner künstlerischen Intentionen darstellen. Bei Carus heißt es über die Rügenreise: „Ich traf eine uralte Eiche inmitten der Insel, sie war fast ganz abgestorben, und die ungeheuren Äste streckten sich abgewettert und glänzend grau in die blaue Luft, aber statt der eigenen Blätterfülle hatte sich nun ein gewaltiger Efeu hineingerankt und umgab die fast Verdorrte mit Behängen erneuten Lebens.“ Wie Friedrich verweilte Carus bei den Hünengräbern und beschreibt den Ort, „wo merkwürdige alte Runensteine ein langes Hünengrab, oder auch wohl nur einen besonders geheiligten Hügel einfassen ...“ Schließlich erreicht er im Nordteil der Insel Stubbenkammer und hat damit das Motiv vor Augen, das Friedrich in den „Kreidefelsen auf Rügen“ gemalt hat.

„Hier gegen Abend wanderten wir nun den Fußweg durch die grünen Laubgänge, indem von weitem schon das Rauschen des Meeres mit dem nahen Spiel des Windes in den Blättern sich mischte. Mit eins öffnet sich der Wald, wir stehen an den jäh abstürzenden Kreideklippen des Königstuhls, junge Rotbuchen wehen mit ihren weit hinabhängenden Ästen über der tief unten brausenden Brandung, und in breiter Ausdehnung bis an die feine Linie des Horizonts dehnt sich der blaugraue Spiegel der Ostsee ...“ Das klingt wie eine Bildbeschreibung.

Ein anderer Freund Caspar David Friedrichs, der schon einmal zitierte Arzt und Theologe Gotthilf Heinrich von Schubert, stützt seinen Bericht über den Aufenthalt Friedrichs auf Rügen offenbar auf Äußerungen des Malers: „Die stille Wildnis der Kreidegebirge und der Eichenwaldungen seiner vaterländischen Insel Rügen waren im Sommer, noch mehr aber in der stürmischen Zeit des Spätherbstes und im angehenden Frühling, wenn auf dem Meer an der Küste das Eis brach, sein beständiger, sein liebster Aufenthalt. In Stubbenkammer, wo damals noch kein modernes Gasthaus stand, verweilte er am öftesten, dort sahen ihn die Fischer manchmal mit Sorge um sein Leben, ja wie einen, der freiwillig in der Flut sein Grab suchen wollte, auf und zwischen den Zacken der Bergwand und ihren ins Meer hinausragenden Klippen herumklettern. Wenn der Sturm am kräftigsten war und die Wogen, mit Schaum bedeckt, am höchsten heranschlugen, da stand er, von dem heranspritzenden Schaume oder auch von einem plötzlichen Ergusse des Regens durchnäßt, hinschauend wie einer, der sich an solcher gewaltigen Lust der Augen nicht satt sehen kann ...“

Friedrich hat, wie Schubert glaubwürdig berichtet, den Aufruhr der Elemente geliebt, aber er hat ihn nicht gemalt. Die „Kreidefelsen auf Rügen“ sind ein Bild der Stille. Die Ostsee nur

Kreidefelsen auf Rügen, um 1818. Eine Erinnerung an Friedrichs Hochzeitsreise: Im Januar 1818 hatte der Maler in Dresden ein Mädchen aus der Nachbarschaft geheiratet, im Sommer reiste er mit ihr nach Greifswald zu seiner Verwandtschaft und weiter nach Rügen. Die Dame im roten Kleid ist die frischgebackene Gattin Caroline, der Mann in der Mitte Friedrich selber, die Person mit dem Barett ist wahrscheinlich der Bruder Christian.

leicht in einem perlmuttfarbenen Schimmer gekräuselt, der dem Bild unter allen Meeresansichten eine Spitzenstellung garantiert. Die Kreidefelsen hell im Mittagslicht, als umgrenzender Rahmen spannt sich der Bogen, der von den Bäumen gebildet wird – man vermutet, daß Friedrich sie dazuerfunden hat, um das Bild nach oben abzuschließen, so daß es sich wie ein ovales Fenster in die Landschaft öffnet. Das Stubbenkammer-Bild hat, im Gegensatz zu vielen düsteren, schwermütigen Bildern, eine durchaus heitere Stimmung, wozu die drei Figuren beitragen. Die Identität dieser drei städtisch gekleideten Personen ist bis heute nicht restlos aufgeklärt. Daß Friedrich Touristen, die am Aussichtspunkt rasten, beobachtet habe, ist eher unwahrscheinlich, vor allem unter Berücksichtigung der Entstehungsgeschichte des Bildes. Die „Kreidefelsen auf Rügen" sind ein Erinnerungsbild an Friedrichs Hochzeitsreise . . . Es ist 1818 (oder kurz danach, keinesfalls vorher) entstanden. Im Januar dieses Jahres hat Friedrich ein junges Mädchen aus der Dresdner Nachbarschaft, Caroline Bommer, geheiratet. Im Sommer war er mit ihr nach Greifswald gefahren, um sie seiner Verwandtschaft vorzustellen. Auf der anschließenden Rügen-Reise hat der Bruder Christian mit seiner Frau die Jungvermählten begleitet. Sehr harmonisch scheint diese Reise nicht verlaufen zu sein, möglicherweise wegen der eingeschränkten gastronomischen Verhältnisse. Das würde Friedrichs bereits zitierte Äußerung gegenüber seinem Bruder erklären „aber ohne Weibsbilder, denn das ist Lumperei . . ."

Es dürfte sich also bei den „Kreidefelsen auf Rügen" um eine Familienszene handeln. Die mittlere Person, die barhäuptig auf dem Boden herumkriecht, dürfte ein Selbstbildnis sein, Haartracht und Statur des Mannes sprechen dafür. Die Dame im hochgeschlossenen roten Kleid wäre dann nach allgemeiner Ansicht die jugendliche Gattin des Malers. Die Identifikation der dritten Person gestaltet sich schwieriger. Der Mann mit Barett, der abseits am Felsen lehnt und in die Ferne blickt, ist wahrscheinlich Friedrichs Bruder Christian. Aber wenn es so wäre: Warum hat Friedrich nicht auch dessen Gattin ins Bild aufgenommen? Weil er aus kompositorischen Gründen nur drei Figuren unterbringen konnte? In der Literatur wurde gelegentlich die Ansicht vertreten, Friedrich habe nicht seinen Bruder, sondern vielmehr seinen Freund Carus als dritte Person dargestellt, weil er ihn gern auf der Reise dabeigehabt hätte (Carus ist bekanntlich noch im gleichen Jahr ohne Friedrich durch Rügen gewandert). Kürzlich wurde eine neue Theorie laut: Danach hätte sich Friedrich zweimal selbst dargestellt, um gleichsam seine Doppelrolle als Ehemann und Künstler bildlich zu manifestieren. Der Ehemann kriechend, der Künstler mit in die Weite gerichtetem Blick? Außer ihrer dunklen, „altdeutschen Tracht" haben die beiden Männer jedoch wenig Gemeinsames aufzuweisen. Man kann sie zur Not für Brüder, aber keinesfalls für ein und dieselbe Person halten.

Wie andere Friedrich-Gemälde haben auch die „Kreidefelsen auf Rügen" Anlaß zu Interpretationen gegeben, die weit über das Dargestellte hinausweisen. Danach enthielte die sommerliche Szenerie mit der Dreiergruppe einen geheimen Sinn, eine religiöse Botschaft. „Es ist bezeichnend für Friedrichs Wesen, daß er nach der Hochzeit, unmittelbar nach dem Beginn eines neuen Lebensabschnittes, seine Beziehung zum Tod aufs neue in einem Bild dokumentiert und die Bedrohung des Lebens durch den Tod so deutlich darstellt wie kaum je zuvor, zugleich aber auch in einer seltsam heiteren Stimmung." So heißt es bei Helmut Börsch-Supan, der mit Recht als einer der besten Friedrich-Kenner gerühmt wird. Er erarbeitete das grundlegende Œuvre-Verzeichnis und hat der Friedrich-Forschung neue Wege gewiesen. Allein deshalb verdient seine Interpretation der „Kreidefelsen auf Rügen" aufmerksame Kenntnisnahme. Für ihn hat alles, was sich gegenständlich, farbig und inhaltlich auf dem Bild ereignet, symbolische Bedeutung. Sein Kommentar zu der mittleren Figur, die auch er für ein Selbstbildnis hält: „Der Hut liegt als Zeichen der Demut neben ihm . . . Er schaut in den Abgrund, der der Abgrund des Todes ist, und sucht Halt im Gras, das die rasche Vergänglichkeit des Lebens bedeutet. Die blaue Farbe seines Rockes, die Farbe des Glaubens, verbindet ihn jedoch mit dem Himmel und dessen Reflex im Meer . . ."

Dann kommt er auf Friedrichs Farbsymbolik zu sprechen: „In Rot, die Farbe der Liebe, ist die Frau gekleidet, in der man wohl Friedrichs Gattin Caroline vermuten darf . . . Die dritte Gestalt vertritt eine andere Art des Schauens. Der Mann steht wagemutig mit verschränkten Armen auf einigen Zweigen unmittelbar am Abgrund, an einen Baumstumpf gelehnt, der wiederum ein Todessymbol ist. Sein Blick geht jedoch über den Abgrund hinweg in die Ferne auf das Meer, wo die Segel zweier Boote zu erkennen sind, Sinnbild der Seele, die zu dem ewigen Leben aufbricht. Das Grün seines Rockes, obschon zum Grau gebrochen, ist die Farbe der Hoffnung. So verkörpert jede der drei Gestalten eine der christlichen Kardinaltugenden . . ." Das wären Glaube, Liebe, Hoffnung, verdeutlicht in den Symbolfarben Blau, Rot, Grün.

Wenn aber Friedrich diese Aussage im Sinn hatte, warum hat er die drei Tugendfarben nicht deutlicher ins Bild gebracht? Muß man Abgrund und Baumstumpf als Todessymbol und die Segel als Sinnbild der Seele deuten? Das Bild

(jedes Bild) hat mehrere Bezugsebenen, eine realistische, eine ästhetische und gegebenenfalls eine symbolische, die einzelnen Bildgegenstände haben auf jeder Ebene eine andere Bedeutung. Der Hut am Boden ist, realistisch, dem Mann vom Kopf geweht worden, ästhetisch ist er die Verlängerung des durch die beiden Männer beschriebenen dunklen Bogens und schließlich symbolisch, laut Börsch-Supan, „ein Zeichen der Demut". Die Fischerboote gehören zweifelsohne zum Ostseeambiente, das blinkende Weiß ihrer Segel unterbricht und betont das abgetönte Violett der Meeresfläche, und sie sind auf der symbolischen Ebene ein Sinnbild der Seele. Börsch-Supan weist den Dingen einen Symbolgehalt zu, den sie wohl *auch* besitzen, aus dem sie jedoch *nicht ausschließlich* bestehen. Man muß seine konsequent symbolistische Interpretation respektieren, man muß sich ihr jedoch nicht unbedingt anschließen, sondern sollte sicherlich auch die beiden anderen Betrachtungsebenen in die Deutung einbeziehen.

Noch einmal die Ostsee bei Stubbenkammer, noch einmal eine Dreiergruppe, diesmal zwei Frauen und ein Mann: „Mondaufgang am Meer", gemalt 1822. Börsch-Supan deutet das Bild unter dem Aspekt christlichen Symbolgehalts. „... die heimkehrenden Schiffe als Sinnbilder des sich dem Ende zuneigenden Lebens ... der aufgehende Mond als Symbol Christi. Die riesigen Steinblöcke am Ufer als Stellvertreter des christlichen Glaubens ..." Hier ist die „Allegorisierung einer bestimmten religiösen Idee" (wie Ramdohr am Tetschener Altar monierte) auf die Spitze getrieben. Das gilt für die Interpretation, nicht für das Bild. Das Bild ist frei von irgend-

Mondaufgang am Meer, 1822. Noch einmal eine Dreiergruppe an der Küste von Rügen, diesmal als romantisches Nachtstück. Die für Friedrich typischen Rückenfiguren sind als eine Aufforderung an den Bildbetrachter zu verstehen, sich mit ihnen zu identifizieren und an dem wunderbaren Naturschauspiel des aufgehenden Mondes und seines Widerscheins im Wasser teilzunehmen.

Felsenschlucht, um 1823, ein Motiv aus dem Elbsandsteingebirge: das Felsentor auf dem Neurathen. Friedrich hat das Motiv noch bizarrer gestaltet, als es in Wirklichkeit ist. Als optische Brücke über den Abgrund dient ihm die entwurzelte Fichte. Diese schräg nach oben gerichtete Diagonale fügt sich in die große Aufwärtsbewegung ein, die der Komposition zugrunde liegt.

welchen Symbolismen christlicher oder philosophischer Herkunft, es enthält vielmehr eine Einladung an den Betrachter, sich mit den Rückenfiguren zu identifizieren (deshalb hat Friedrich sie in die Malerei eingeführt) und dem Naturschauspiel des Mondaufgangs über dem Meer beizuwohnen. Diesen „Mondaufgang am Meer" kann man geradezu als eine Inkunabel romantischer Malerei betrachten, er ist mit allen romantischen Ingredienzien ausgestattet.

Sowohl die literarische Romantik als auch die romantische Malerei hatten eine Vorliebe für die Nacht, man denke an die „Hymnen an die Nacht" von Novalis oder an die Nachtstücke des Vorläufers der romantischen Landschaftsmalerei, Adam Elsheimer (1578–1610). Eine Vorliebe für die Nacht und für den Mond, den „stillen Gefährten der Nacht", dessen Licht sich auf der Wasserfläche ausbreitet. Dazu aufreißende Wolken, die den Himmel in Gold und Violett erstrahlen lassen, die unendliche Weite des Meeres, die Einsamkeit, die der einzelne noch genußvoller erlebt, wenn er sie mit Freunden teilt. Die Frage nach der Identität der drei Personen, die sich, versunken in die Betrachtung der Mondnacht, auf dem großen Stein niedergelassen haben, wird in der Friedrich-Literatur nicht erörtert – die Rückenansicht bietet keine Anhaltspunkte für eine Identifikation. Für die Wirkung des Bildes ist es ohnehin unerheblich, ob es sich um Angehörige des Malers oder um Fremde handelt. Es sind Menschen dargestellt, die sich in der freien Natur als Teil des Universums empfinden.

Neben dem heimatlichen Ostseeraum ist es die nähere und weitere Umgebung von Dresden, mit der sich Friedrich auf zahllosen Wanderungen vertraut gemacht hat. Das bezeugen viele Gebirgsmotive aus der Sächsischen Schweiz und dem Elbsandsteingebirge, die er vor Ort skizziert hat und später im Atelier für seine Gemälde verwandte. Beispielhaft für seine Methode, eine skizzierte Landschaft nicht wortgetreu ins Ölbild zu übernehmen, sondern sie unter Aspekten der Bildkomposition umzuformen, ist die um 1823 zu datierende „Felsenschlucht". Ein Motiv aus dem Elbsandsteingebirge: das Felsentor auf dem Neurathen. In Wirklichkeit nicht ganz so bizarr, wie Friedrich es dargestellt hat. Die Felsen ragen auf dem Bild noch steiler in die Höhe, die Schlucht ist noch tiefer geworden. Als optische Brücke über dem Abgrund dient die entwurzelte Fichte, die zugleich eine schräg nach oben gerichtete Diagonale bildet. Darin deutet sich eine klar angelegte Aufwärtsbewegung an, die man, wenn man denn unbedingt will, ebenso symbolisch deuten kann wie die farbige Veränderung: von dunkel getöntem Vordergrund zur aufgelichteten Himmelssphäre.

Von Dresden aus hat Friedrich auch größere Reisen außerhalb Sachsens unternommen. Am liebsten zusammen mit einem Künstlerkollegen. Mit dem Maler Georg Friedrich Kersting (1785–1847) war er im Sommer 1810 im Riesengebirge, im nächsten Sommer wanderte er mit einem befreundeten Bildhauer im Harz. Auch in Böhmen hat er sich, wie man den Skizzen entnehmen kann, wandernd und zeichnend umgetan. „Die Böhmische Landschaft", heute im Besitz der Stuttgarter Staatsgalerie, hat Graf von Thun-Hohenstein, der Auftraggeber des Tetschener Altars, von Friedrich erworben. Das Bild dürfte um 1810 entstanden sein. Das Motiv könnte Friedrich auf dem Rückweg vom Riesengebirge gesehen haben. Es läßt sich leicht lokalisieren: Die beiden Berge im Hintergrund sind der große und der kleine Milleschauer südlich von Teplitz.

Böhmische Landschaft, um 1810. Die beiden Berge im Hintergrund sind leicht zu lokalisieren: der große und der kleine Milleschauer südlich von Teplitz. Das Bild ist ein wichtiger Schritt auf dem Weg von der sakralen zur natürlichen Landschaft in Friedrichs Werk. Es herrscht Balance zwischen Naturbeobachtung und Naturgefühl, zwischen Endlichkeit und Unendlichkeit.

Im übrigen hat Friedrich auch bei diesem Gemälde auf ältere Skizzen zurückgegriffen, die nicht in Böhmen entstanden sind und die er nach Gutdünken für die „Böhmische Landschaft" verwendet (in der Literatur wurden sieben Zeichnungen, alle vor 1809 datiert, nachgewiesen). Das Bild gibt an Symbolgehalt nicht viel her, es sei denn, man betrachtet die beiden Bäume als ein Portal, das den Blick auf den höchsten Gipfel (Gott) lenkt (so von Börsch-Supan gedeutet). Man muß das Fehlen religiöser, sinnbildhafter Bezüge jedoch nicht als Mangel empfinden. Mit diesem Bild hat sich der Maler weit von der sakralen Landschaft entfernt (die im Tetschener Altar triumphierte) und sich auf den Weg zur natürlichen Landschaft begeben. Das traf in dieser Zeit nicht nur auf Friedrich zu, es galt generell für die Landschaftsmalerei, die im 19. Jahrhundert die naturgetreue Landschaft anvisierte. Die „Böhmische Landschaft" beweist aber auch, daß bei Friedrich die natürliche Landschaft nicht als banales Abbild von Realität zu verstehen ist. Sie ist vielmehr poetisch durchdrungene Wirklichkeit, Balance zwischen Naturbeobachtung und Naturgefühl, zwischen dem Erlebnis der Nähe und der Ferne, zwischen Endlichkeit und Unendlichkeit.

Die Kreidefelsen bei Stubbenkammer im nördlichsten Teil der Insel Rügen, heute touristischer Glanzpunkt der Ostseeküste, sind durch das Gemälde von Caspar David Friedrich berühmt geworden, das er in Erinnerung an seine Hochzeitsreise gemalt hatte. Ein Vergleich zwischen den gemalten und den fotografierten Kreidefelsen macht deutlich, daß Friedrich sich nicht sklavisch an die Realität gehalten, sondern daß er vielmehr die Felsenformen aus kompositorischen Gründen verändert hat.

Friedrichs Malerfreund Carus schildert seinen Eindruck von den Kreidefelsen: „Mit eins öffnet sich der Wald, wir stehen an den jäh abstürzenden Kreideklippen des Königsstuhls, junge Rotbuchen wehen mit ihren weit hinabhängenden Ästen über der tief unten brausenden Brandung, und in breiter Ausdehnung bis an die feine Linie des Horizonts dehnt sich der blaugraue Spiegel der Ostsee ...“ Das Segelboot in der Ferne ist auf der Fotografie und auf dem Gemälde zu sehen.

Das Weiß der Kreidefelsen gewinnt seine Strahlkraft erst durch den Kontrast zu anderen Farben. Deshalb läßt Friedrich die Bäume oder auch nur einzelne Zweige tief ins Bild hängen. Der Fotograf arbeitet nach dem gleichen Prinzip: Er läßt die weißen Klippen sich absetzen gegen den dunkel getönten Wald und das perlmuttern schimmernde Meer.

Schon auf seiner ersten Rügenwanderung hat Friedrich Hünengräber gezeichnet. Die Begeisterung für das Motiv teilte er mit vielen romantischen Malern und Dichtern. Das Hünengrab, ein Denkmal aus grauer Vorzeit, angesichts dessen nordische Sagen und Märchen lebendig werden ... ein Ort, an dem den Wanderer ein Schauer der Vergänglichkeit streift. Friedrichs Malerfreund Carus beschreibt, wie er auf seiner Rügenwanderung an einen Ort gekommen sei, „wo merkwürdige alte Runensteine ein langes Hünengrab, oder auch wohl nur einen besonders geheiligten Hügel einfassen ...“

Ein Anblick, den Friedrich gemalt haben könnte: eine riesenhafte Baumwurzel, die wie ein Lebewesen aus sagenhafter Vergangenheit über den Waldboden kriecht. Die Borke erinnert an gegerbtes Leder. Der farbige Reiz besteht in dem starken Kontrast zwischen dem tiefdunklen Blau der Wurzel und dem darüber gewehten hellen Braun der Blätter.

Ein Motiv, das das Herz jedes Romantikers höher schlagen läßt . . . Die Romantik hat eine Vorliebe für die Übergangsstimmung. Auch das ist ein echt romantischer Einfall: nicht die Sonne selbst am Himmel zu zeigen, sondern nur ihre letzten Strahlen, die über die Wasserfläche rieseln.

Der Fotograf hat das grandiose Naturschauspiel des Sonnenunterganges ganz im Geiste von Caspar David Friedrich nachvollzogen. Er hat auch die für Friedrich typische Rückenfigur nicht vergessen, mit der sich der Bildbetrachter identifizieren und in der er am Naturschauspiel teilnehmen soll.

Das Elbsandsteingebirge südlich von Dresden, nur eine Stunde Dampferfahrt von der Stadt entfernt, ist Friedrichs bevorzugtes Ausflugs- und Wanderziel. Ein romantisches Paradies mit dramatisch wechselnder Beleuchtung und Stimmung. Beherrscht wird die Landschaft von dem an dieser Stelle verhältnismäßig schmalen Elbestrom, der sich in kräftigen Kurven durch das Gebirge windet.

Das Herzstück des Elbsandsteingebirges: die Sandsteinfelsen bei der Bastei, die schroff und bizarr, gleich von Riesen erbauten Türmen, in den Himmel ragen. Nicht weit von dem Felsengelände entfernt liegt die Naturbühne Rathen, wo die romantischste aller romantischen Opern, der „Freischütz" von Carl Maria von Weber aufgeführt wird. Weber hat den „Freischütz" in Dresden komponiert, wo er seit 1817 als Kapellmeister an der neu gegründeten Oper tätig war.

Der Blick von der Bastei in Richtung Norden ins Flachland. Auf den Spuren von Caspar David Friedrich gelingt es dem Fotografen, die Landschaft so wiederzugeben, wie sie der Maler erfaßt hat: als Stimmungsträger und Spiegel der psychischen Befindlichkeit. Die Stimmung: das Fluidum eines warmen, sonnigen Herbsttages, der die Blätter im Vordergrund golden schimmern läßt, während die Ferne sich in dunstigem Blau auflöst . . .

Du hast doch nur einen kleinen Teil der hiesigen Naturschönheiten und Naturwunderbarkeiten gesehen", schreibt Friedrich an seinen Bruder Heinrich, um ihn zu einer Dresdenreise zu animieren. Hier eine dieser „Naturwunderbarkeiten" aus Dresdens näherer Umgebung: der Felsenquell im Amselgrund. Die Fotografie verwandelt den Wasserfall in einen zarten, graublauen Schleier, die Wassertropfen funkeln wie Perlen . . .

Die Aufnahme läßt das Elbsandsteingebirge in seinem geologischen Aufbau erkennen. Über dem tief eingeschnittenen Elbtal breiten sich bewaldete Hochflächen aus, die von imposanten Tafelbergen überragt werden. Hier das Elbtal mit dem „Lilienstein". Wie Caspar David Friedrich hat auch der Fotograf einen tief angesetzten Horizont gewählt, damit der Himmel um so größer und überwältigender in Erscheinung treten kann.

Die Festung Königstein, gut hundert Meter über dem Elbetal, eine Burganlage aus dem 16. Jahrhundert mit einem herrlichen Panoramablick über die umgebenden Berge und Wälder. Ein ausgesprochen romantisches Motiv, das vom Fotografen ähnlich gestaltet wird wie von Friedrich in seinen Bildern: Die gestochen scharf gezeichnete Nähe wird gegen eine weich verschwimmende, dunstige Ferne ausgespielt.

Es mußten keineswegs immer aufregende, auffällige Motive sein, die das Interesse des Malers Friedrich erregten. Er liebte die Natur, die Landschaft, auch wenn sie keine dramatischen Höhepunkte aufwiesen. Das Bächlein silberhell, gesäumt von dunklen Bäumen, in der Ferne ein Höhenzug. Solche schlichten Motive, wie sie auch der Fotograf hier aufgenommen hat, finden sich in den Skizzenbüchern, die Friedrich von seinen Wanderungen heimgebracht hat.

Von Dresden aus hat Friedrich auch größere Reisen in den Harz, ins Riesengebirge, nach Schlesien und Böhmen unternommen. Hier eine Wiesenlandschaft bei Warmbrunn in Schlesien. Gelegentlich ist er in Gesellschaft seiner Brüder oder von Malerkollegen gewandert, aber am liebsten war er allein. „Ich muß allein bleiben und wissen, daß ich allein bin", hat er einem Freund erklärt, „um die Natur vollständig zu schauen und zu fühlen; ich muß mich dem hingeben, was mich umgibt, mich vereinigen mit meinen Wolken und Felsen . . ."

Die Einsamkeit brauche ich für das Gespräch mit der Natur." Hier noch einmal die Gegend von Warmbrunn aus anderem Blickwinkel. Der hohe Berg im Hintergrund ist die Schneekoppe, der höchste Berg des Riesengebirges.

Zu Friedrichs Lieblingsmotiven zählten die Wolken. Er hat sie in der Natur studiert und gezeichnet, um sie dann in seinen Gemälden zu verwenden. Er liebte ihre flüchtige, ständig im Wandel begriffene Gestalt. Und ausgerechnet wegen der Wolken ist es zum Bruch zwischen Friedrich und Goethe gekommen. Goethe hatte bei ihm angefragt, ob er ihm für ein wissenschaftliches Werk meteorologische Wolkenstudien liefern könnte. Friedrich wies das Ansinnen mit Empörung zurück. Er weigerte sich, die freien, leichten Wolkenformen in ein wissenschaftliches System zu zwingen . . .

Die Natur bringt manchmal Formen zustande, wie sie ein exzentrischer Künstler nicht bizarrer erfunden haben könnte. Auf den Spuren von Caspar David Friedrich gelangt man bisweilen zu solch seltsamen Formationen. Wie Friedrichs „Wanderer über dem Nebelmeer" steigt man ins Gebirge und steht plötzlich vor einem Felsen, den man für eine monströse Skulptur halten könnte, genannt der „Mittagsstein".

Felsen, die sich wie die Mauern einer verfallenen Ritterburg gegen den hellen Himmel abzeichnen – das Sujet samt dazugehörigen Felssteinen und windzerzausten Tannen hätte sicherlich Friedrichs Aufmerksamkeit erregt.

Felsen, die im Dämmerlicht gespenstisch anmuten, verlieren im hellen Tageslicht ihre Schrecken. Wer wie Friedrich das Elbsandsteingebirge vor der Haustür hat, braucht nicht mehr in die Alpen zu fahren.

Dresden: die späten Jahre

Es gibt keine einschneidende Zäsur zwischen Friedrichs Früh- und Spätwerk. Man kann nicht sagen, die sakrale, die sinnbildhafte Landschaft werde von der natürlichen Landschaft abgelöst – die „Böhmische Landschaft“, als Repräsentantin für eben diese Natürlichkeit, ist ins Frühwerk zu datieren. Dagegen gibt es ein familiäres Ereignis, das die Biographie in ein Davor und Danach gliedert, so daß es naheliegt, mit ihm die späten Jahre beginnen zu lassen.

Im Januar 1818 hat Caspar David Friedrich, wie er am 28. Januar nach Greifswald berichtet, geheiratet: „Meinen Brüdern, Verwandten und Bekannten sei hiermit kund und zu wissen, daß ich den 21. Januar früh um die sechste Stunde in der hiesigen Kreuzkirche mit Caroline Bommer bin getraut worden; also acht Tage schon Ehemann. Einige Stunden nach der Trauung ging ich nach Hause in der Absicht, an Euch zu schreiben, wurde aber daran gehindert ... meine Frau fängt bereits an, unruhig zu werden und hat mich zu wiederholten Malen erinnert zu schreiben; denn auch sie will schreiben, um mit ihren neuen Brüdern bekannter zu werden. Es ist auch ein schnurrig Ding, wenn man eine Frau hat; schnurrig ist es, wenn man eine Wirtschaft hat, sei sie auch noch so klein; schnurrig ist mir's, wenn meine Frau mich mittags zu Tisch zu kommen einladet. Und endlich ist es schnurrig, wenn ich jetzt abends fein zu Hause bleibe, und nicht wie sonst im Freien umherlaufe. Auch ist es mir schnurrig, daß alles, was ich jetzt unternehme, immer mit Rücksicht auf meine Frau geschieht und geschehen muß. Schlage ich nur einen Nagel in die Wand, so darf er nicht so hoch sein, als ich langen kann, sondern nur so hoch, als meine Frau mit Bequemlichkeit langen kann. Kurz, seit sich das Ich in Wir verwandelt, ist gar manches anders geworden. Es wird mehr gegessen, mehr getrunken, mehr geschlafen, mehr gelacht, mehr geschäkert, mehr gelepscht. Auch mehr Geld ausgegeben, und vielleicht werden wir künftig an Sorgen auch keinen Mangel haben; doch wie es Gott gefällt, der Wille des Herrn geschehe.

Vieles und mancherlei hat sich geändert, seit ich eine Frau habe. Meine alte, einfache häusliche Einrichtung ist in manchem nicht mehr zu erkennen, und es ist mir lieb, daß es jetzt sauberer und netter bei mir aussieht. Nur in dem Raum, so ich zu meiner Beschäftigung gebrauche, bleibt alles beim alten. Übrigens sind Vorhänge vor den Fenstern nötig geworden. Nötig geworden sind: Kaffeetrommel, Kaffeemühle, Kaffeetrichter, Kaffeesack, Kaffeekanne, Kaffeetasse: alles, alles ist nötig geworden. Töpfe und Töpfchen, Schüssel und Schüsselchen, Tiegel und Tiegelchen; alles, alles ist nötig geworden. Alles hat sich geändert; sonst war mein Spucknapf überall in meinem Zimmer, jetzt bin ich angewiesen, in kleine, dazu eingerichtete Geschirre zu spucken; meine Liebe zur Reinlichkeit und Nettigkeit übt sich gern mit Freuden darein. Der längst bestellte Schreibpult ist fertig und mit möglichster Sauberkeit gearbeitet, er kostet 56 Taler und an demselben Tag und Stunde, als ich ihn erhielt, verkaufte ich zwei Bilder, wovon ich das eine Bild dem Käufer für ein verfehltes, mithin verdorbenes Bild zeigte, für 19 Louisdor. Eine Einnahme, die mich um so mehr freute, da die Ausgabe von 56 mir jetzt etwas unnötig schien; denn früher, als ich an meine jetzige Frau dachte, hatte ich den Schreibpult bestellt. Gott mit Euch, liebe Brüder, und Eure Weiber und Kinder und die gesamte Familie und alle Bekannte. Euer Bruder C. D. Friedrich.“

Ein schnurriger, ein amüsanter Brief und ein unschätzbares Dokument, weil er Auskunft gibt über Friedrichs Lebensverhältnisse, seinen Lebensstil und so das landläufige Friedrich-Bild in wesentlichen Punkten korrigiert. Man kennt ihn als den Schwermütigen, den über dem Rätsel des Seins Brütenden, den Ungeselligen, den Einsamkeitsfanatiker. Der Brief zeigt einen anderen Friedrich: den vergnügten und gutgelaunten, der sich an den spaßigen Seiten des Lebens erfreuen kann, der auf Distanz zu sich selber gehen, sich gleichsam über die Schulter schauen und sich und die eigene Situation komisch finden kann ... „Wer aber in dem Maler Friedrich nur diese eine Seite seines Wesens: den tiefen, schwermüthigen Ernst sah, der kannte ihn nur halb“, schreibt sein Freund von Schubert. „Ich habe wenig

Menschen kennengelernt, welche im geselligen Umgang mit anderen, wenn diese nämlich ihm zusagten, eine so heitere Gemütlichkeit, eine solche Gabe zum Scherz hatten als er. Mit der ernstesten Miene sprach und erzählte er Dinge, welche bei allen anderen ein unverlöschliches Lachen erregten; überall wohin er kam, brachte er, wenn ihm der Kreis gefiel, Heiterkeit mit sich und fröhliches Bezeigen."

Der Beginn des Ehestandes dürfte Friedrichs Neigung zu einer heiteren, erheiterten Weltsicht zeitweise verstärkt haben. Er war immerhin schon 44 Jahre alt, als er die 23jährige Caroline oder Line, wie er sie in Briefen nannte, heiratete. Ein Mädchen aus dem Volk, wie man so sagt, aus der Nachbarschaft. Im März 1818 schreibt der Jungvermählte an seinen Bruder Heinrich: „Du hast mir und meiner Frau durch die zugeschickten Heringe eine wahrhaft größte Freude gemacht. Meine Frau versteht ohne alle weitere Anweisung die Heringe so gut zu schnabulieren, als wäre sie eine geborene Pommern und nicht eine geborene Bommern ... Mein Weib denkt sich die Reise zu Euch und den Aufenthalt bei Euch als den vollendeten irdischen Himmel, und wenn sie einen Wagen rasch hinfahren sieht und sich in demselben sitzend denkt, quiekt sie laut vor Freuden ... Doch wenn ich ihr erzähle von der Reise von Greifswald nach Rügen, dann schaudert sie wohl zusammen; versteckt sich etwas unter meinem Mantel und spricht dann leise und furchtsam: Wo Du hingehest, gehe ich mit, und wenn Du in die See versinkest, versinke ich mit Dir ..."

Sie sind gut nach Rügen gekommen, sie haben, Line im hochgeschlossenen roten Kleid, die Kreidefelsen bei Stubbenkammer besichtigt, wie wir aus dem Gemälde wissen. Seitdem taucht Line, tauchen Frauen überhaupt, häufig in seinen Bildern auf – man denke an die „Frau in der Morgensonne" und „Frau am Fenster", „Auf dem Segler" und an den „Abendstern". Warum Friedrich sich noch so spät zum Heiraten entschlossen hat, erklärt sich aus seiner finanziellen Situation. Im Jahr 1816 wurde Friedrich zum Mitglied der Dresdner Akademie ernannt, eine Auszeichnung ohne Lehrbefugnis, aber immerhin mit einem Jahresgehalt von 150 Talern dotiert. Dies stellte zwar eine äußerst geringe Summe dar, doch zum erstenmal konnte Friedrich wenigstens mit einer festen Einnahme rechnen. Er hatte sehr gehofft, eine Professur mit entsprechend höherer Dotierung zu erhalten. Als 1824 eine Professur vakant wurde, blieb die erhoffte Berufung aus, immerhin wurde das Jahressalär, ein kleiner Trost, auf 200 Taler aufgebessert.

In der Literatur wird ausführlich die Frage abgehandelt, wieso ein durchaus renommierter und hochgeschätzter Künstler in so bedrückend engen Verhältnissen leben mußte. Mehrfach waren Friedrichs Brüder, die gut verdienenden Handwerker, die letzten Nothelfer für ihn. 1814 schreibt er an den Bruder Heinrich:

„Endlich sehe ich mich doch genötigt, den Schritt zu tun, wogegen ich mich so lange gesträubt. Das Glück scheint mich ganz verlassen zu haben, oder soll ich meine bedrängte Lage bloß auf Rechnung der Zeit schieben? Grund und Lust es zu glauben, hab' ich wohl; denn vielen andern meinesgleichen geht es nicht besser als mir, und so bliebe mir doch eher die Hoffnung, daß es sich ändern und bessern werde. Die Ursache meiner gegenwärtigen bedeutenden Schuld, so sich auf 300 Taler beläuft, ist Dir nicht unbekannt ... Wie niederschlagend es für mich ist, die Last auf keine andre Weise loswerden zu können, als sie dem geliebten Bruder aufbürden zu müssen, der ohnedies jetzt vom Schicksal so hart geschlagen, wirst du fühlen, der Du mein Herz und meine Liebe kennst ..."

In diesem Fall gibt es für den Hilferuf an den Bruder ganz spezielle Gründe: Durch die Befreiungskriege gegen Napoleon, die 1813 in der Völkerschlacht bei Leipzig kulminierten, waren die nichtbesoldeten „freien" Künstler in wirtschaftliche Bedrängnis geraten, weil niemand in der Stimmung war, Bilder zu kaufen. Bis 1820 hatte sich die Situation einigermaßen stabilisiert. Friedrich gibt den Brüdern eine genaue Aufstellung über sein Vermögen einschließlich der Außenstände. „Was ich hier geschrieben, soll Dir und Euch, meine Brüder, überhaupt zur Beruhigung über meine gegenwärtige Lage dienen ..." Aber

lange hat die Beruhigung nicht vorgehalten, der Haushalt wurde durch die drei Kinder, die Caroline zur Welt brachte, aufwendiger.
Obgleich die Kunstkritik ihn – zum mindesten bis in die zwanziger Jahre – feierte, obgleich Goethe ihm einen (halben) Preis zuerkannt hatte, obwohl der König von Preußen, der russische Zar, der Großherzog von Weimar und der Fürst von Puttbus auf Rügen zu seinen Kunden zählten: Aus der finanziellen Misere ist er immer nur vorübergehend herausgekommen. Es war zu Friedrichs Zeiten, Anfang des 19. Jahrhunderts, ungleich schwieriger als gegen Ende des Jahrhunderts, Bilder zu verkaufen. Es gab keinen nennenswerten Kunsthandel und keine Galerien. Wer Bilder kaufen wollte, ging in die Jahresausstellungen in den Kunstakademien. Dazu kamen seit den zwanziger Jahren die Ausstellungen der neu gegründeten Kunstvereine. Beim Hamburger Kunstverein war Friedrich 1826 und 1831 mit jeweils drei Gemälden vertreten. Der Sächsische Kunstverein hat Friedrich-Bilder erworben, die dann – ein damals übliches Verfahren – unter den Mitgliedern verlost wurden (statt der heute gebräuchlichen Jahresgaben).

Neben den Ausstellungen gab es Auftragsarbeiten, die auf Bestellung für Gönner oder Sammler ausgeführt wurden (so z. B. der mehrfach erwähnte Tetschener Altar), und es gab, für Friedrich wahrscheinlich die wichtigste Einnahmequelle, die Atelierbesucher, die direkt vom Künstler Bilder kauften. Diese Besucher kamen auf Empfehlung von Kunden oder Künstlerkollegen. Wilhelm von Kügelgen, der Sohn des mit Friedrich befreundeten Malers Gerhard von Kügelgen, schreibt in den seinerzeit berühmten „Jugenderinnerungen eines alten Mannes“: „Inzwischen hatte Friedrich doch immer nur ein kleines Publikum, weil er, wenn schon mittels bekannter Formen, dennoch etwas zur Anschauung brachte, was die meisten Menschen fliehen, nämlich die Einsamkeit. Hätte mein Vater die Fremden, die seine Werkstatt besuchten, nicht regelmäßig auf Friedrich verwiesen und überall Lärm für ihn geschlagen, so würde der bedeutendste Landschaftsmaler seiner Zeit gehungert haben.“
Am Ende ist er doch noch in bitterste Not geraten. In den dreißiger Jahren wurde es still um den Maler, der immer noch die gleichen, meist einsamen Landschaften malte. Er geriet in Vergessenheit. In dem gegen 1830 geschriebenen Text „... bei Betrachtung einer Sammlung von Gemälden“ hat er in dem Maler X die eigene Situation beschrieben: „... fühlt sich von seiner Zeit überflügelt ... denn mit der Zeit fortzuschreiten fühlte er, vermochte er nicht, und gegen sie ankämpfen, erkannte er für unvernünftig und niedrig. Unsere große und verhängnisvolle Zeit, die Zeit der Aufregung und Umgestaltung ...“
Im Sommer 1835 setzt ein Schlaganfall mit Lähmungserscheinungen der Malerei zunächst ein Ende. Nach einem Kuraufenthalt in Teplitz berichtet er nach Greifswald: „Seit vorgestern bin ich wieder zurück. Ich bin jetzt ziemlich gut auf den Füßen und hoffe, daß die Nachwirkungen des Bades auch meine Hand wieder fähig machen werden zur Arbeit ...“ Die Hoffnung hat sich, was das Malen in Öl betrifft, nicht erfüllt. Mit dem Zeichnen, bei dem die Hand fest aufliegt, ging es besser. Friedrich hat bis 1839 Sepiazeichnungen auf die Dresdner Jahresausstellungen geschickt. Der Maler Carus schreibt an einen Freund: „Was Friedrich betrifft, so lebt er leidlich genug, jedoch vom Schlage gelähmt und ohne zu arbeiten ... Freunde haben eine Unterstützung für ihn zusammengebracht, deren er wohl bedurfte.“
Der letzte Augenzeugenbericht stammt von dem russischen Staatsrat Shukowski, der sich am Zarenhof erfolgreich für Friedrich eingesetzt hatte: „Ich fand ihn von einem Schlaganfall gelähmt. Er fühlte, daß ihm nicht lange zu leben blieb, und weinte wie ein Kind, als er mir folgendes sagte: ‚Der russische Zar besuchte, als er noch Großfürst war, meine Werkstatt. Er war zu mir ungewöhnlich gnädig und sagte zu mir: ‚Friedrich, wenn du in Not bist, lasse es mich wissen, ich helfe dir.‘ Nun bin ich in große Not geraten. Ich kann den Pinsel nicht mehr führen, bald werde ich sterben und meine Familie verbleibt in Armut ...‘“ Im gleichen Jahr ist Caspar David Friedrich gestorben. Erst ein Jahr später traf das Geld des Zaren ein, um das Shukowski in Friedrichs Namen gebeten hatte, 150 Taler für die Witwe und die beiden jüngeren Kinder. Die älteste Tochter hatte den elterlichen Haushalt bereits verlassen, sie war mit einem Elbfischer verheiratet.

Der Wanderer über dem Nebelmeer, um 1818. Wie einige Vorzeichnungen erkennen lassen, hat Friedrich für dieses Bild Motive aus dem Elbsandsteingebirge verwendet. Über die Identität der imposanten Rückenfigur gehen die Ansichten auseinander. Einige Interpreten fühlen sich an den Geheimrat Goethe erinnert. Andere vermuten in dieser Gestalt ein Andenken für einen Verstorbenen oder ein Denkmal für den lebenden, den namenlosen Naturfreund.

Die Dresdner Stadtsilhouette taucht häufig als Hintergrund in Friedrichs Malerei auf, etwa in einem seiner letzten Bilder, dem „Abendstern“, den der Künstler vor seinem Schlaganfall 1835 gemalt hat.

Schon vor seinem Schlaganfall in den 30er Jahren des letzten Jahrhunderts war es um den Maler Friedrich still geworden, der immer noch seine romantischen, unendlich weiten, unendlich einsamen Landschaften malte. Zeitgeist und Zeitgeschmack hatten sich von der Romantik ins Biedermeier gewandelt. Friedrich hat es abgelehnt, sich dem veränderten Geschmack anzupassen. So ist er gegen Ende seines Lebens in bittere Not geraten, als er nach dem Schlaganfall nicht mehr arbeiten konnte. Er sei auf die Unterstützung der Freunde angewiesen gewesen, berichtet der Maler Carus.

Das Ende: der Abendstern

Eines der letzten Bilder, die Friedrich vor seinem Schlaganfall gemalt hat und auf dem vermutlich seine Frau und die beiden jüngeren Kinder dargestellt sind, heißt „Der Abendstern“ (der im übrigen nur mühsam über den Wolken zu entdecken ist). Eine Abendlandschaft, wie er sie liebte. Er malte nicht den dramatischen Augenblick des Sonnenuntergangs, sondern die Zeit danach, die einfallende Dämmerung. Die Erde und der Hügel im Vordergrund liegen schon im Schatten. Darüber der Himmel in dunkelvioletten und leuchtendgelben Streifen, in denen der Tag nachglüht. Wie immer bei Friedrich ist die Landschaft kein Phantasieprodukt, sondern topographisch genau bestimmbar, wenn auch gegenüber der Realität leicht abgeändert. Im Hintergrund sieht man die Stadtsilhouette von Dresden. Links im Bild die Kuppel der Frauenkirche, die beiden schlanken Türme daneben gehören zum Schloß und zur Hofkirche. Eine Landschaft mit Figuren: Caroline Friedrich, die mit den jüngeren Kindern vom Spaziergang heimkehrt. Mutter und Tochter, zwei weich modellierte Gestalten, sind in einer Doppelfigur zusammengefaßt. Der halbwüchsige Junge Gustav Adolf Friedrich ist ein paar Schritte vorausgelaufen. Er wirft, die Mütze in der Hand, angesichts der heimatlichen Stadtsilhouette die Arme empor. Er stellt eine der seltsamsten Rükkenfiguren dar, die Friedrich gemalt hat – eine ekstatisch bewegte Silhouette vor violetter Wolkenwand.

Der Abendstern, eines der letzten Bilder, die Friedrich vor seinem Schlaganfall im Jahre 1835 gemalt hat. Im Hintergrund die Stadtsilhouette von Dresden. Die Mutter, die mit ihren zwei Kindern vom Spaziergang heimkehrt, ist vermutlich Caroline Friedrich, die Frau des Malers. Der Himmel in dunkelvioletten und leuchtend gelben Streifen. Eine abendliche Vision, die aus der Realität, aus der Anschauung abgeleitet ist.

Der Vordergrund: eine große einheitliche Schattenzone, die deutlich unterschiedene, auch farbig nuancierte Bodenstrukturen aufweist. Die niedrig angesetzte Horizontlinie trennt das dunkle Land und den hellen Abendhimmel. Eine abendliche Vision, die aus der Realität, aus der Anschauung abgeleitet ist. Caspar David Friedrich malte, was er vor sich sah und was er in sich sah: beides in einem.

Romantische Malerei und romantische Dichtung. 1837, drei Jahre vor Friedrichs Tod, erschienen die Gedichte von Joseph von Eichendorff. Sein Gedicht „Mondnacht“ ist die literarische Entsprechung zu Friedrichs „Abendstern“:

Es war als hätt' der Himmel
die Erde still geküßt,
daß sie im Blütenschimmer
von ihm nur träumen müßt'...

Die Luft ging durch die Felder,
die Ähren wogten sacht,
es rauschten leis' die Wälder,
so sternklar war die Nacht.

Und meine Seele spannte
weit ihre Flügel aus,
flog durch die stillen Lande,
als flöge sie nach Haus.

Als er 1840 auf dem Trinitatis-Friedhof in Dresden begraben wurde, war er ein fast vergessener Künstler. Erst im 20. Jahrhundert wurde Caspar David Friedrich wiederentdeckt und glanzvoll rehabilitiert: als einer der größten und unbestritten einer der beliebtesten deutschen Maler.

Kaspar
David
Friedrich
1774
1840

DÄNEMARK
Kopenhagen
OSTSEE
NORDSEE
Rügen
Usedom
Greifswald
Eldena
Hamburg
Neubrandenburg
Elbe
POLEN
Oder
Berlin
Weser
Rhein
Harz
DEUTSCHLAND
Elbsandstein-
gebirge
Dresden
Köln
Jena
Sächsische Schweiz
Riesen-
gebirge
Teplitz
Milleschauer
Schneekoppe
Elbe
Frankfurt
Main
BÖHMEN
Moldau
Donau
Rhein
FRANKREICH
München
Bodensee
ÖSTERREICH
0
100
200 km